I0644560

BIBLIOTHÈQUE CHINOISE

Collection dirigée

par

ANNE CHENG

Professeur titulaire de la Chaire d'histoire intellectuelle de la Chine au Collège de France

MARC KALINOWSKI

Directeur d'études à l'École pratique des Hautes Études

YI I

PRINCIPES ESSENTIELS POUR ÉDUQUER LES JEUNES GENS

李珥 擊蒙要訣

BIBLIOTHÈQUE CHINOISE

Collection dirigée par
Anne Cheng et Marc Kalinowski

Édition bilingue
(texte et traduction)

Parus

YANG Xiong, *Maîtres mots*, traduction par Béatrice L'Haridon.
La Dispute sur le sel et le fer (Yantielun), traduction par Jean Levi.
Dix-neuf poèmes anciens, traduction par Jean-Pierre Diény.
SU Shi, *Les Commémorations*, traduction par Stéphane Feuillas.
WANG Chong, *Balance des discours. Destin, providence et Divination*, traduction par Marc Kalinowski.

À paraître

Écrits de maître Wen (Wenzi) (époque Han), traduction par Jean Levi.
Les Quatre Traités sur « l'Art de l'esprit » recueillis dans les « Écrits de Maître Guan » (Guanzi) (fin des Royaumes combattants ou époque Han), traduction par Romain Graziani.
Correspondance entre Zhu Xi et Lu Xiangshan (dynastie Song), traduction par Roger Darrobers et Guillaume Dutournier.
Le Livre de la grande paix (Taiping jing) (époque Han-Six dynasties), traduction partielle par Grégoire Espesset.
LIU ZHIJI, *Traité de l'historien parfait (Shitong)* (dynastie Tang), traduction par Damien Chaussende.
Le « Traité des figures célestes » dans les « Écrits du Prince de Huainan » (Huainanzi) (époque Han), traduction par Marc Kalinowski.

BIBLIOTHÈQUE CHINOISE

YI I

PRINCIPES ESSENTIELS POUR ÉDUQUER LES JEUNES GENS

李珥 擊蒙要訣

TEXTE INTRODUIT, TRADUIT ET ANNOTÉ
PAR
ISABELLE SANCHO
Chargée de recherche au CNRS

PARIS
LES BELLES LETTRES
2011

La traduction de ce volume a été revue par Béatrice L'Haridon et Anne Cheng.
Cet ouvrage à été mis en page par Rudy Nimsguerns.
Les éditeurs tiennent à remercier Marie-José D'Hoop pour son concours en vue de cette édition.

Ouvrage publié avec le soutien du Centre national du livre et du Collège de France

Tous droits de traduction, de reproduction et d'adaptation réservés pour tous les pays

© 2011, Société d'édition Les Belles Lettres
95 bd Raspail 75006 Paris
www.lesbelleslettres.com

ISBN : 978-2-251-10006-7

À ma famille, ici et là-bas

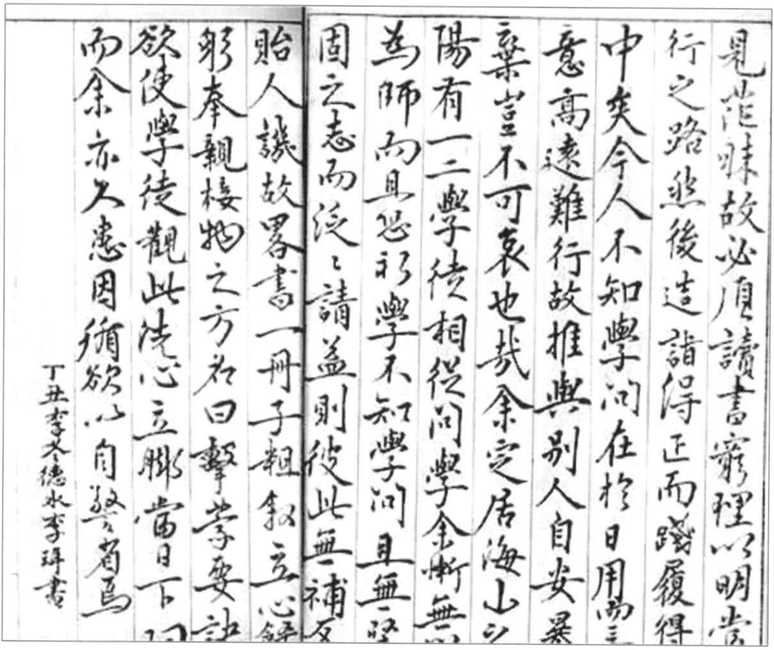

見茫昧故必須讀書窮理以明當
行之路然後造詣得正而踐履得
中矣今人不知學問在於日用而妄
意高遠難行故推與別人自安暴
棄豈不可哀也哉余定居海山之
陽有一二學徒相從問學余慚無以
爲師而且恐初學不知學問且無堅
固之志而泛泛請益則彼此無補反
貽人譏故略書一冊子粗敍立心飭
躬奉親接物之方名曰擊蒙要訣
欲使學徒觀此洗心立脚當日下功
而余亦久患因循欲以自警省焉
丁丑季冬德水李珥書

Reproduction d'un extrait
du manuscrit autographe de Yulgok Yi I

INTRODUCTION

La place du *Kyŏngmong yogyŏl* dans l'histoire de Corée

Le *Kyŏngmong yogyŏl* 擊蒙要訣, que nous avons traduit par « Principes essentiels pour éduquer les jeunes gens », est l'un des textes les plus célèbres de la tradition confucéenne coréenne. Sa célébrité est incontestablement liée à la figure de son auteur, un emblème du génie national coréen : Yi I 李珥 (1536-1584), nom de plume : Yulgok 栗谷 (« vallée des châtaigniers »). Généralement considéré comme l'un des textes éducatifs les plus représentatifs de l'époque Chosŏn 朝鮮 (1392-1897), ce court traité aux allures de manuel, voire d'abrégé, rappelle avec vigueur et concision les principes fondamentaux de l'Étude confucéenne.

Le confucianisme a été introduit et adopté en Corée bien avant l'époque Koryŏ 高麗 (918-1392), mais il n'exerce une influence véritablement décisive dans l'histoire et la culture coréennes qu'à partir de l'introduction du néo-confucianisme aux alentours du treizième siècle. Le terme de néo-confucianisme désigne de manière générique en langues occidentales le confucianisme renouvelé et redéfini aux premiers siècles du deuxième millénaire en Chine, en dépit des multiples formes et appellations que cette pensée a pu revêtir au cours de l'histoire. Le néo-confucianisme présente en effet de manière générale des différences indéniables avec l'enseignement formulé et transmis par « l'école » de Confucius 孔子 (551-479 av. J.-C.), de même qu'avec le confucianisme institutionnalisé de l'État impérial chinois à partir des deux dynasties Han aux alentours de l'ère chrétienne. Le corpus de référence ainsi que les problématiques tant philosophiques que sociales et politiques du confucianisme ancien se sont progressivement modifiés au cours des siècles. L'émergence, le développement et la diffusion progressive du néo-confucianisme s'enracinent dans la « Renaissance » chinoise des Song (Song du Nord : 960-1127, et Song du Sud : 1127-1279) ainsi que dans la complexe et longue transition historique menant des Song aux Yuan (1277-1367), puis des Yuan aux Ming (1368-1644). L'une des caractéristiques du néo-confucianisme réside dans l'idée que la « sainteté confucéenne » – à savoir l'humanité accomplie – est à la portée de tout homme pour peu qu'il en fasse l'effort. C'est même un devoir intimé par sa nature foncière ou, pour paraphraser le discours néo-confucéen, par son destin. Issue de la confrontation avec les développements propres aux écoles bouddhiques du Grand Véhicule, cette tendance à universaliser le message confucéen est un trait remarquable du néo-confucianisme qui a ainsi pu s'adapter et se transmettre en Chine en dépit de nombre de difficultés internes et externes dans un contexte de domination étrangère, jusqu'à devenir une véritable orthodoxie à partir de l'époque, cosmopolite, des Yuan. Cet universalisme, qui est présenté comme la pierre angulaire d'un ordre socio-politique stable et pérenne, explique comment cette idéologie a pu se diffuser avec succès au-delà des frontières de l'Empire du Milieu.

La Corée limitrophe fait non seulement partie de ces pays d'Asie Orientale où le néo-confucianisme s'est implanté durablement, mais elle est sans conteste celui qui a poussé le plus loin l'adaptation des idées et des pratiques du néo-confucianisme dans la plupart des domaines : politique, social, philosophique, moral, institutionnel, juridique, familial, littéraire et artistique. La dynastie des Yi de Chosŏn est ainsi souvent qualifiée de dynastie confucéenne, par commodité et par opposition à la précédente dynastie, celle des Wang de Koryŏ dont l'idéologie officielle était plutôt bouddhique, avec certes d'indéniables éléments confucéens. L'important développement spéculatif bouddhiste de l'époque Koryŏ ainsi que l'omniprésente empreinte culturelle du bouddhisme sur les élites lettrées expliquent d'ailleurs en grande partie l'assimilation rapide des idées philosophiques néo-confucéennes en Corée. Le néo-confucianisme fait en effet appel à une terminologie et à une rhétorique proches du bouddhisme, mais qui s'insèrent dans des problématiques et des perspectives différentes. Le néo-confucianisme est moins une métaphysique qu'une pensée à la fois éthique (héritage pré-impérial), cosmologique (tradition sur le *Livre des Mutations*), ritualiste (au sens de rites comme actes performatifs), sociale et politique (horizon omniprésent du confucianisme). Ce dernier aspect – didactique et volontariste – explique sa réception et sa fortune particulière en Corée, à un moment historique marqué par la réflexion sur une persistante crise des formes de l'État, de la royauté et de la définition des élites à partir du milieu de Koryŏ (prise de pouvoir par les militaires, invasions, mise sous tutelle par la Chine des Mongols, crises politiques, changement dynastique et réformes).

Aujourd'hui, la Corée du Sud est le pays d'Asie Orientale qui a conservé le plus de traces de cet héritage confucéen au sens général, car aucune rupture idéologique radicale, du type de celle qu'a connue la Chine continentale par exemple, n'est venue altérer en profondeur des pratiques et des mentalités enracinées et cultivées avec soin depuis des siècles dans la péninsule. Si le confucianisme n'a cessé de susciter de vives polémiques dans la société coréenne depuis le dix-neuvième siècle, divisant l'opinion sur des questions essentielles relevant du domaine juridique, des relations hommes/femmes, des conflits entre générations, des pratiques religieuses et même de la redéfinition des valeurs morales ou encore nationales, il reste toutefois un important marqueur identitaire du pays. La Corée du Sud est ainsi souvent considérée comme le conservatoire du confucianisme dans la région. Quant à la Corée du Nord, son idéologie et sa rhétorique ne sont certainement pas exemptes d'influences issues de ce même héritage historique et culturel.

Le *Kyŏngmong yogyŏl* est particulièrement représentatif de la réception et de l'appropriation du néo-confucianisme en Corée. Il illustre en effet le souci profondément didactique et prescriptif des premiers néo-confucéens coréens, en quête d'une idéologie d'État et d'une morale sociale, mais aussi d'une éthique et d'une identité propres à leur classe sociale : celle des lettrés-fonctionnaires. En dépit de son indubitable manque d'élégance, ce terme est utile en ce qu'il permet d'insister sur le double rôle des élites coréennes de l'époque Chosŏn. Le néo-confucianisme est avant tout l'apanage et le domaine d'expertise par excellence d'une classe sociale connue et appelée de manière générique *sadaebu* 士大夫, *sajok* 士族, ou encore *yangban* 兩班 à partir de la seconde moitié de Chosŏn. Ce dernier terme, qui signifie littéralement « les deux branches », désigne les branches civile et militaire d'une bureaucratie à la fois méritocratique dans ses principes et aristocratique car semi-héréditaire dans les faits, qui constituait l'essentiel des élites de Chosŏn. En effet ces dernières, qui ne constituaient pourtant qu'environ un dixième de la population totale, préservaient leur statut privilégié par l'ancienneté, le prestige et la puissance de leurs lignages (héritage des époques précédentes, fortement aristocratiques), mais également par des processus répétés de légitimation qui consistaient principalement à réussir les concours civils et, dans une moindre mesure, militaires. Le succès aux concours était la voie royale pour accéder aux fonctions administratives et politiques importantes, et pour conforter ainsi la puissance économique et l'aura sociale de chaque clan.

Il est communément admis que ce qui a été qualifié de « confucianisation de la société coréenne » dans les travaux universitaires de référence des dernières décennies a été un processus lent et progressif de transformation sociale et idéologique qui n'aurait véritablement commencé et pris son essor qu'à partir du dix-septième siècle, à savoir au début de la seconde moitié de Chosŏn. Toutefois cette confucianisation de la société, qui a principalement affecté l'idéologie et les usages politiques, les pratiques savantes et la culture philosophique, mais aussi les rites funéraires, les pratiques religieuses, les règles d'adoption et de succession ainsi que les droits des femmes, a été préparée et amenée par une première étape de diffusion du néo-confucianisme au sein des élites des premiers siècles de Chosŏn. La confucianisation de la société peut donc être considérée comme le produit d'une acculturation des idées et des valeurs que se sont progressivement forgées les lettrés-fonctionnaires qui furent au pouvoir du quatorzième siècle au seizième siècle environ. Cette acculturation, fondée sur un projet social et politique, se caractérise par son aspect délibéré et volontariste et reflète principalement le souci de distinction identitaire qui animait les élites dans un contexte de luttes de pouvoir permanentes avec la royauté.

Fruit de cette réception complexe du néo-confucianisme, les *Principes essentiels pour éduquer les jeunes gens* de Yi I constituent un témoignage sur ce passage d'une première étape de confucianisation, celle des intellectuels et hommes d'État du début de Chosŏn, à une seconde étape, celle du développement et de l'acculturation progressive de cette idéologie et de cette culture de distinction à l'échelle du pays tout entier.

Le seizième siècle coréen

La rédaction de l'ouvrage s'enracine dans un contexte bien particulier, celui de la deuxième moitié du seizième siècle. Au plan politique, les divisions déjà existantes au sein de la cour augmentent, donnant progressivement naissance au phénomène dit des luttes de factions qui vont miner et scléroser par la suite toute la vie politique du pays. Au-delà des conflits de personnes, mettant en jeu des divergences de sensibilité (régionale, philosophique ou sociale), des soucis d'ordre économique ou encore des stratégies d'influence politique, ces luttes de factions sont en grande partie la conséquence d'une véritable rupture de confiance entre les souverains et les élites, ainsi que de l'échec de toute tentative de conciliation au sein même de ces élites. En effet, ces luttes de factions sont nées du ressentiment et des dissensions issues des vagues successives de « purges de lettrés », *sahwa* 士禍, des quinzième et seizième siècles (1498, 1504, 1519, 1545, 1547). Ces purges furent initiées par les souverains antérieurs et leurs entourages successifs et changeants lors d'âpres luttes de succession. Elles se traduisent par des destitutions, des assignations à résidence, des déportations, des emprisonnements, des suicides commandés, des assassinats, des exécutions par pendaison ou écartèlement, des décapitations posthumes et des profanations de sépulture qui marquent durablement les esprits. En particulier, le sort de Cho Kwangjo 趙光祖 (1482-1519), chef de file du mouvement réformiste néo-confucéen contraint au suicide sur ordre royal lors de la purge de 1519, accentue les divisions au sein des élites tout au long du seizième siècle. Sa mort prématurée contribue à créer une martyrologie commune aux lettrés-fonctionnaires néo-confucéens, mais participe aussi paradoxalement à l'élaboration et à la fixation de tendances divergentes, ou encore d'écoles philosophiques nettement distinguées les unes des autres.

Un autre sujet de discorde concerne le scandale politique qui éclabousse la famille royale, impliquant la mère du roi Myŏngjong 明宗 (r.1545-1567), la reine Munjŏng文定 (1501-1565) qui exerce pendant huit ans la régence avec son frère Yun Wŏnhyŏng尹元衡 (?-1565) et garde un contrôle officieux et continu sur les affaires de l'État jusqu'à sa mort en 1565. Fervente bouddhiste, elle fait notamment rétablir les concours de recrutement de moines en 1550 et réhabilite le temple de

Pongŭnsa 奉恩寺, sous la direction de son protégé, le moine Po'u 普雨 (1509-1565) qui exerce une influence grandissante et contestée à la cour. Sa régence officielle se termine dans un bain de sang, avec la purge de lettrés de 1547. Ce scandale enflamme les esprits et cristallise en particulier les critiques à l'encontre du bouddhisme adressées au trône par les étudiants de l'Académie Sŏnggyungwan 成均館, la pépinière des futurs hauts-fonctionnaires formés au néo-confucianisme. Ce phénomène finit de consommer le divorce entre bouddhisme et confucianisme, achevant de rigidifier au plan du discours, si ce n'est dans les pratiques, les antagonismes ainsi que les appartenances idéologiques ou philosophiques.

Au plan économique, les incohérences du système de collecte des impôts et des corvées militaires s'aggravent, parallèlement aux problèmes engendrés par les mauvaises récoltes successives ainsi que par la mise sous tutelle des terres des monastères bouddhiques, placées sous la juridiction des écoles confucéennes officielles. En particulier, les dysfonctionnements récurrents du système d'allocation de terres en guise de traitement aux fonctionnaires recrutés et aux « sujets méritants » mis en place dès les débuts de la dynastie conduisent, après maints revirements de politique, au versement d'un salaire sous forme de céréales ou de tissu, en lieu et place d'une attribution de terres, à partir de 1556. Toutefois, la gestion effective des terres dites publiques ou nationales étant largement laissée aux mains des fonctionnaires, ces derniers tendent à se transmettre de manière héréditaire le privilège de collecter les impôts ou du moins de conserver les bénéfices issus de leur position sociale et administrative le temps de leur carrière.

Au plan social, l'indétermination et l'imprécision de la définition des statuts sociaux donnée dans les différents codes successifs de la dynastie, finalement révisés et fixés dans la version finale du *Kyŏngguk taejŏn* 經國大典 (« Grand Compendium pour le gouvernement du royaume ») promulgué à la fin du quinzième siècle (1485), continue de provoquer des tensions au sein des élites. Ces tensions sont par ailleurs alimentées par l'autorisation donnée aux fils de concubines de passer les concours civils et militaires. Plusieurs révoltes populaires concourent également à l'instabilité du pays, en particulier celle menée à la fin des années 1550 dans les provinces septentrionales par le voleur de grand chemin aux allures de « Robin des bois », Yim Kkŏkchŏng 林乬正 ou encore Yim Kŏjŏng 林巨正 (?-1562). Ce dernier sème la panique à Kaesŏng 開城, capitale de la précédente dynastie, puis pénètre même dans la capitale de Chosŏn, Hanyang 漢陽 (actuelle Séoul), en 1559 avant d'être capturé et exécuté en 1562. L'État tente en outre avec difficulté de faire appliquer le système idéal des « communautés villageoises » (*hyang'yak* 鄕約) sur le modèle néo-confucéen chinois dans les Huit provinces du royaume (*p'al to* 八道), afin de diffuser des valeurs morales empruntées au confucianisme. Des affaires de meurtres et de parricide entraînent également tout au long du seizième siècle la rédaction et l'édition officielle de manuels de morale, qui traitent principalement des « cinq relations cardinales » (*oryun* 五倫) et prônent les vertus de piété filiale et de stricte distinction des rôles entre les sexes. La volonté de réformer des mœurs jugées corrompues et responsables de maints dysfonctionnements sociaux et politiques entraîne la multiplication de règlements officiels fluctuants et normatifs visant à purifier des pratiques relevant des domaines religieux et familial (sacrifices aux ancêtres, règles de deuil, etc.), créant ainsi protestations, controverses et malaises.

Au plan administratif, les effectifs, toujours insuffisants pour être véritablement efficaces, manquent d'hommes de talent, ce qui crée même des tensions dans les relations diplomatiques avec la Chine, pour lesquelles la composition de poèmes en chinois classique est de rigueur. Un système de congé sabbatique avec solde, et parfois assignation à résidence, créé par le roi Sejong 世宗 (r.1418-1450) en 1426 et appelé *saga toksŏ* 賜暇讀書, est régulièrement mis en place pour permettre aux jeunes fonctionnaires talentueux de poursuivre leurs études et de développer leurs connaissances. De nombreux débats sont ainsi suscités lors des audiences à la cour et dans les mémoires au trône autour de la question des concours mandarinaux et de celle du corpus éducatif officiel. Une réforme des concours a lieu en 1568. Les fonctionnaires à la cour se déchirent alors continuellement au sujet des textes à étudier, ainsi que sur les modalités de recrutement et de contrôle des connaissances des fonctionnaires en place, comme l'attestent les *Annales de Chosŏn* (*Chosŏn wangjo sillok* 朝鮮王朝實錄). Des luttes d'influence se doublent ainsi de querelles idéologiques, voire philosophiques, qui paralysent et retardent maintes décisions royales.

Au plan militaire et diplomatique enfin, les tensions avec le Japon vont croissant à la suite de plusieurs incidents graves dans les années 1510, 1520 et 1540. Les problèmes avec l'archipel nippon concernent plus particulièrement à cette époque les relations avec l'île de Tsushima, dans un contexte d'ouverture de comptoirs commerciaux au sud-est de la péninsule, concédée par la cour coréenne afin de tenter de juguler les attaques de piraterie récurrentes. En raison de ces incidents répétés, toute relation diplomatique ainsi que tout échange commercial sont un temps suspendus. Quant aux échanges commerciaux privés avec la Chine, qui se sont développés de manière exponentielle au seizième siècle par le truchement des délégations envoyées lors des missions diplomatiques, ils sont également prohibés. Mais le principal sujet de conflit entre la Chine et la Corée concerne ce qui est appelé le *chonggye pyŏnmu* 宗系辨誣, à savoir une erreur répétée pendant deux siècles sur la généalogie du fondateur de la dynastie des Yi, le roi T'aejo 太祖 (r. 1392-1398), dans les textes officiels Ming (*Taizu shilu* 太祖實錄 et *Daming huidian* 大明會典). Cette erreur porte sur le nom, et par conséquent sur l'identité même du père du roi qui est confondu avec un personnage fortement soupçonné de conspiration régicide sous Koryŏ. Une telle erreur, qui relève d'un problème de « rectification des noms » (*zhengming/chŏngmyŏng* 正名) selon la terminologie confucéenne, est considérée comme une grave insulte par la cour coréenne. En remettant en cause l'intégrité morale du clan royal, cette erreur menace la légitimité même de l'État de Chosŏn, qui fut déjà durement acquise aux débuts presque concomitants des dynasties Ming en Chine et Yi en Corée à la fin du quatorzième siècle. Un second sujet de polémique dans les relations entre la Chine et la Corée est la question de la défense des frontières septentrionales, face aux incursions et menaces mandchoues. Le système des tributs appliqué à la Corée vise en effet en grande partie à sécuriser les frontières du nord-est pour la Chine des Ming et à trouver ainsi un consensus commun. Les échanges de produits à destination militaire occupent alors une place prépondérante dans les relations diplomatiques. Enfin, la cour de Chosŏn reçoit ses propres délégations de peuples tributaires, venant par exemple des îles Ryūkyū ou encore de l'archipel japonais mais surtout, à partir de la seconde moitié du seizième siècle, des territoires occupés par les tribus de Khitan et de Jürchen (futurs Mandchous). Dans les relations avec ces derniers, les Coréens se soucient tout particulièrement de déployer un sens des rituels et une civilité qui démontrent leur forte conscience d'être un royaume civilisé et confucéen, à l'égal de la Chine. C'est dans un tel contexte que Yulgok rédige, en 1577, ses *Principes essentiels pour éduquer les jeunes gens*.

Le *Kyŏngmong yogyŏl* dans la vie et l'œuvre de Yulgok, Yi I

La renommée de Yulgok est due à sa pensée philosophique autant qu'à sa carrière politique et administrative. L'école issue de ses disciples et amis est appelée école de Kiho (*Kiho hakp'a* 畿湖學派) et est traditionnellement opposée à celle issue de son contemporain et aîné Yi Hwang 李滉 (1501-1570 ; nom de plume : T'oegye 退溪). Mais la place particulière de Yulgok dans la mémoire nationale coréenne est aussi due à la célébrité de sa mère, l'artiste Sin Saimdang 申師任堂 (1504-1551) qui est le parangon de la femme idéale. Modèle de piété filiale, épouse sage et bonne conseillère de son époux Yi Wŏnsu 李元秀, poétesse, calligraphe et peintre de talent et de renom, femme extrêmement cultivée, c'est elle qui éduque ses quatre fils et ses trois filles, dont son troisième fils, Yulgok. Elle est sans doute l'une des femmes les plus aimées des Coréens et nombre d'écoles portent aujourd'hui son nom en Corée du Sud. Sa mort prématurée, ainsi que l'amour et le respect que lui portait le plus célèbre de ses enfants rend cette relation filiale particulièrement attachante et explique la sympathie généralement éprouvée à l'égard de Yulgok. Cette relation est d'autant plus remarquable qu'elle met en valeur certains traits d'une époque où le néo-confucianisme n'avait pas encore transformé les mœurs et les pratiques. Au seizième siècle encore, les hommes allaient habiter dans la famille de leurs épouses après le mariage et non l'inverse. Éduqué par sa mère, elle-même éduquée par ses deux parents (Sin Myŏnghwa 申命和 et dame Yi de Yongin, Yongin Yissi 龍仁李氏), tous deux réputés pour leur très grande érudition, Yulgok est ainsi le fruit d'une éducation dispensée par des femmes autant que par des hommes au début de Chosŏn.

Les amitiés de Yulgok sont également remarquables, en particulier celle qu'il entretenait avec Sŏng Hon 成渾 (1535-1598), Chŏng Ch'ŏl 鄭澈 (1536-1593) ou Song Ikp'il 宋翼弼 (1534-1599), des lettrés néo-confucéẹns de grande renommée. Leur correspondance personnelle, qui ouvre une fenêtre sur le domaine de l'intime dans la Corée du seizième siècle, est à cet égard un précieux témoignage de l'amitié confucéenne, qui mêle affection, retenue et réflexion philosophique. Mais ces amitiés ont également été des facteurs non négligeables de certaines des orientations et décisions politiques prises par

Yulgok dans sa carrière de haut fonctionnaire. Elles expliquent notamment sa compromission dans les luttes de factions qui commencent dans les années 1570.

Considéré comme un surdoué dès son enfance, Yulgok est resté dans l'histoire pour avoir été reçu neuf fois premier, *changwŏn* 壯元, aux concours de recrutement des fonctionnaires. Lauréat aux premières épreuves de concours de licence, fondées sur des épreuves de poésie, dès l'âge de treize ans, puis véritable « bête à concours » de 1555 à 1564, il a consacré dix années de sa vie à passer des concours mandarinaux, en particulier en raison du deuil de son père en 1561 qu'il a respecté scrupuleusement pendant près de trois ans et qui a ainsi retardé ses prises de fonctions. Il a toutefois connu un échec qui semble l'avoir affecté. Sa carrière, commencée en 1565 à l'âge de vingt-neuf ans, fut brillante à maints égards, puisqu'il est régulièrement engagé dans des missions diplomatiques avec la Chine, qu'il occupe notamment les postes de gouverneur, de Grand Maître des Remontrances, de Grand Censeur, qu'il est plusieurs fois ministre (du Cens, des Fonctionnaires civils, de l'Armée et de la Justice) et qu'il siège même en fin de carrière au Grand Conseil d'État, suscitant jalousies et critiques innombrables. Cette carrière impressionnante fut toutefois relativement mal vécue, à en croire sa correspondance personnelle et officielle. De tempérament plutôt mélancolique et de consitution fragile, Yulgok meurt de manière prématurée à l'âge de quarante-neuf ans à la capitale, épuisé et malade.

Au plan intellectuel, Yulgok se démarque de nombre de ses pairs néo-confucéens pour s'être intéressé au bouddhisme et au taoïsme. Il est en particulier l'auteur d'un commentaire confucéen du *Daodejing* 道德經, le *Sunŏn* 醇言 (« Propos épurés »), qui a été redécouvert dans les archives nationales dans les années 1970 et n'apparaît pas dans les diverses compilations de ses œuvres par ses disciples. Quant à son intérêt pour le bouddhisme méditatif *sŏn* 禪, qu'il considère lui-même comme une errance intellectuelle – si ce n'est existentielle – lors de ses célèbres pérégrinations d'une année aux Monts de Diamant à l'âge de dix-neuf ans, il lui a valu de nombreuses critiques de son vivant et reste encore aujourd'hui un sujet de polémiques universitaires. Ouvert à d'autres formes de pensée, Yulgok ne renvoie donc pas l'image caricaturale d'un sectateur intraitable ou d'un idéologue du néo-confucianisme dit orthodoxe, tel que son contemporain Yi Hwang. Toutefois, soucieux de vivre et d'agir selon une morale confucéenne, il a beaucoup œuvré à la diffusion de ses valeurs dans les années 1570, et il laisse en général le souvenir d'une vie exemplaire de lettré-fonctionnaire, tendue vers un idéal confucéen ne laissant que peu de place aux compromis.

Yulgok rédige ses *Principes essentiels pour éduquer les jeunes gens* à la fin de l'année 1577, à un moment bien particulier de sa vie. Après une dizaine d'années passées à occuper diverses fonctions qui le laissent quelque peu désillusionné, voire amer, dans un contexte de naissance des luttes de factions qui impliquent nombre de ses connaissances proches et amis qui se retrouvent ainsi dans des camps opposés, Yulgok aspire à partir de 1576 au repos ainsi qu'à une vie de lettré retiré. Objet de critiques incessantes de la part de ses détracteurs mais aussi de ses amis qui ne comprennent pas ses décisions politiques, il obtient avec quelque difficulté un congé temporaire. Il s'installe avec toute sa famille proche en 1577 à Haeju 海州 dans le Hwanghae 黄海 (aujourd'hui en Corée du Nord), région d'origine de son épouse principale, Dame No de Koksan (Koksan Nossi谷山盧氏). Yulgok a en effet pris en charge la concubine de son père, avec qui il semble pourtant avoir eu de graves dissensions après le décès de sa mère dans son adolescence, ainsi que l'épouse et les enfants de son frère aîné Yi Sŏn 李璿, décédé en 1570. Il tente alors d'expérimenter une vie de famille fondée sur des principes confucéens. Il convoque ainsi en cette année 1577 tous les membres de son clan, les Yi de Tŏksu (Tŏksu Yissi 德水李氏), pour une réunion extraordinaire afin de faire partager ses idées de vie familiale en communauté. Il rédige à cette occasion un petit texte du bien vivre ensemble, le *Tonggŏ kyesa* 同居戒辭 (« Propos pour vivre ensemble et se porter mutuellement attention »), en coréen vernaculaire et non en chinois classique, afin de se faire comprendre par tous. Ce texte, longtemps transmis dans ses *Œuvres complètes* dans une version traduite en chinois classique, a été redécouvert et publié pour la première fois en 1976, suscitant l'intérêt de nombreux spécialistes du coréen ancien. Cette initiative de Yulgok reste quant à elle sans précédent dans l'histoire de Corée.

Lors de cet épisode momentané de retraite de la vie publique, Yulgok participe aussi à diverses entreprises locales d'éducation et de réforme des mœurs. Il s'associe en particulier avec les notables de Haeju pour créer un « contrat communautaire villageois », *hyang'yak kye* 鄉約契 dont il fixe les règles et les principes dans le *Haeju hyang'yak* 海州鄉約 et le *Haeju irhyang'yaksok* 海州一鄉約束, puis il participe au projet de construction d'un grenier privé et coopératif destiné à remédier aux disettes. Tout en travaillant à un commentaire de la *Petite Étude* de Zhu Xi et en enseignant à nombre de jeunes gens de la région dans son école, *Ŭngbyŏng chŏngsa* 隱屛精舍, construite en 1578, il rédige les *Règles d'étude de l'académie confucéenne Munhŏn* 文獻 (*Munhŏn sŏwŏn hakkye* 文憲書院學規), une académie construite en 1574 en l'honneur des premiers maîtres du néo-confucianisme coréen, Yi Kok 李穀 (1298-1351) et son fils Yi Saek李穡 (1328-1396). Ses *Principes essentiels pour éduquer les jeunes gens* illustrent ainsi son souci de développer l'étude et la pratique correcte du néo-confucianisme au sein des élites locales.

Hanté par la problématique dite du « retrait » ou de « l'engagement » (*jin/tui chin/t'oe* 進/退) dans les affaires publiques, Yulgok rédige ce petit manuel comme un premier guide pratique destiné à ses disciples, appelés à jouer plus tard un rôle social, politique et intellectuel. Texte exhortatif et normatif, l'ouvrage est porteur de l'essentiel du message confucéen, tel qu'il a été compris et développé par Yulgok. Même s'il rappelle dans certains de ses chapitres les manuels de civilité de la même époque en Europe ou encore les traités rituels du néo-confucianisme, sa dimension et son propos plus proprement philosophiques sont aisément perceptibles. Véritable instantané d'une vie entièrement consacrée à l'Étude confucéenne, cet ouvrage synthétique, mais néanmoins ouvert sur un nombre important de problématiques connexes, est sans conteste l'un des testaments intellectuels de Yulgok.

Le texte

Le *Kyŏngmong yogyŏl* est un manuel général d'éthique aux allures de profession de foi, appelé à servir d'inspiration, d'incitation, voire d'aiguillon pour les débutants ou encore pour les esprits mal dégrossis. Il ne s'agit pourtant en aucun cas d'un mémento à apprendre par cœur, et il ne s'agit pas non plus du texte le plus abouti ni le plus séduisant au plan philosophique que Yulgok ait écrit. Toutefois, il est d'une vigueur, d'une clarté et d'une concentration des idées tout à fait remarquable. C'est en effet un texte dense dans les idées qu'il exprime, foncièrement concis dans son écriture et méthodiquement construit. Il se divise en dix chapitres de longueur variée, qui se calquent sur le paradigme de la *Grande Étude*, l'un des Quatre Livres canoniques du néo-confucianisme. Ces dix chapitres sont organisés selon une progression allant de la « culture de soi » (sphère individuelle) à la « participation active et raisonnée à la vie sociale et politique » (sphères familiale et sociale). Rédigé à l'origine pour un usage privé et ponctuel, il devient par la suite un texte de référence pendant la deuxième moitié de Chosŏn, où il est notamment utilisé pour l'éducation du prince héritier ainsi que dans les écoles officielles.

Le public visé par l'auteur est quant à lui relativement restreint. Il s'adresse à des adolescents, sans doute âgés de dix à vingt ans, de la région de Haeju dans la province pauvre du Hwanghae. Ces jeunes gens, appartenant certainement à l'élite locale, seront plus tard des chefs de famille ainsi que des notables de province et nombre d'entre eux feront carrière dans la bureaucratie centrale. Le titre, qui signifie littéralement « principes essentiels pour contrer l'ignorance juvénile », est en soi révélateur du projet de l'auteur. L'ouvrage traite en effet des principes fondamentaux à acquérir pour des jeunes gens qui ont certes acquis les bases de l'éducation primaire (maîtrise du chinois classique) mais qui n'ont pas encore entrepris de s'attaquer aux Classiques eux-mêmes ainsi qu'à l'immense corpus néo-confucéen. Il s'agit donc de préparer et de diriger correctement les esprits afin de faciliter des études ultérieures plus approfondies.

L'une des particularités de l'ouvrage réside dans le mélange des genres qui se caractérise par la juxtaposition de chapitres liminaires extrêmement généraux, exposant de manière délibérément allusive la plupart des idées clés du néo-confucianisme, avec des chapitres plus précis, plus longs et plus développés, traitant plus particulièrement de rites ou de situations réelles, parfois très concrètes. Cette caractéristique marque une différence notable avec les ouvrages d'éducation ou de morale qui font florès à la même époque. Le corpus éducatif officiel n'est pas encore défini dans la première moitié de Chosŏn. Les souverains successifs entreprennent d'encadrer la production et la diffusion d'un ensemble de textes en fixant notamment des éditions de référence des ouvrages néo-confucéens et des Classiques au sens large. Ces éditions sont généralement des *ŏnhae* 諺解, terme désignant la pratique qui consiste à incorporer au sein même du texte original en chinois classique des termes et des mots grammaticaux en écriture coréenne vernaculaire (*h'angŭl* 한글), créée au milieu du quinzième siècle, ou encore des explications pour faciliter la lecture et la compréhension. Moins préoccupés d'exégèses savantes ou de travaux d'érudition, les rois des quinzième et seizième siècles se montrent en effet soucieux de fixer un corpus orthodoxe, marquant ainsi leur prérogative royale de sage souverain confucéen, censé être un éducateur universel. Quant aux lettrés-fonctionnaires, qui s'intéressent davantage à l'exégèse de commentaires tout en ne négligeant pas les travaux de vulgarisation en écriture *h'angŭl*, ils cherchent avant tout à établir des synthèses d'idées et de textes chinois qui soient applicables à un contexte proprement coréen. Les rois comme les lettrés se rejoignent enfin dans un effort commun pour produire des manuels et des abrégés de morale confucéenne, centrés sur les « cinq relations cardinales ». La réforme des mœurs, des pratiques et des mentalités est ainsi au cœur de l'activité intellectuelle et sociale des élites de cette époque. Lorsque Yulgok rédige le *Kyŏngmong yogyŏl*, quelques ouvrages tant coréens que chinois sont déjà utilisés comme des références en matière d'éducation primaire. Citons à titre d'exemples la *Petite Étude* et les *Rites familiaux* de Zhu Xi, le *Livre de la piété filiale* (lu depuis l'époque de Silla dans la péninsule) ou encore, du côté coréen, les *Illustrations des Trois comportements vertueux* (*Samgang haengsil to* 三綱行實圖), commande royale publiée en 1432, les *Illustrations des Deux conduites vertueuses* (*Iryun haengsil to* 二倫行實圖) qui y font suite, ou encore les *Principes d'éducation primaire* (*Tongmong sŏnsŭp* 童蒙先習) de Pak Semu 朴世茂 (1487-1554). Pris dans cette même fièvre éducatrice, Yulgok semble toutefois suivre les traces de Kwŏn Kŭn 權近 (1352-1409), qui avait rédigé ses célèbres *Diagrammes et explications pour entrer dans l'Étude* (*Iphak tosŏl* 入學圖說) au début de la dynastie.

En effet, si l'éducation primaire est une préoccupation importante et nécessaire, Yulgok comme son illustre prédécesseur se montre soucieux de situer cette étude dans une perspective néo-confucéenne plus large, afin de ne pas réduire l'Étude confucéenne à un enseignement uniquement tendu vers la préparation des concours mandarinaux ou à des règles de contrôle social et de bonnes mœurs. Les premiers chapitres, de même que l'architecture générale de ses *Principes essentiels pour éduquer les jeunes gens* sont donc d'un grand intérêt, en ce qu'ils illustrent l'enracinement profond de Yulgok dans l'héritage de Confucius et de Mencius 孟子 (c. 372-289 av. J.-C.), revisité par des néo-confucéens tels que Zhang Zai 張載 (1020-1078), les frères Cheng (Cheng Hao 程顥 (1032-1085) et Cheng Yi 程頤 (1033-1107)) ou Zhu Xi 朱熹, à savoir l'étude de la « sainteté » confucéenne ou de l'humanité accomplie. Le néo-confucianisme dont il se réclame est aussi foncièrement une « étude qui doit porter ses fruits », une étude-éthique : *sirhak* 實學 (terme souvent appliqué exclusivement, à tort, à un courant intellectuel de la fin Chosŏn). L'une des différences notables entre l'ouvrage de Yulgok et la *Petite Étude* par exemple est que Yulgok suit fidèlement le paradigme de la *Grande Étude*, qui mène de la culture de soi à la vie sociale dans un mouvement d'élargissement allant de soi vers les autres, alors que le texte de Zhu Xi et Liu Qingzhi 劉清之 (1130-1195) adoptait le mouvement exactement inverse. Cette insistance de Yulgok sur la responsabilité morale et la sincérité personnelle qui doivent être, selon lui, au fondement même des relations et des pratiques sociales illustre sa volonté de ne pas réduire le néo-confucianisme à un ensemble de rites et de règles de comportement détachés de tout investissement d'ordre existentiel et personnel. La justesse des comportements et des rites (sacrifice aux ancêtres et règles du deuil notamment), à savoir la référence à une liturgie et à une certaine manière de vivre et une civilité propres à des élites en mal de définition ne sont pas, pour Yulgok, l'horizon ultime de l'enseignement confucéen. Ce sont des conditions nécessaires mais non suffisantes.

Le *Kyŏngmong yogyŏl* est ainsi le pendant de l'autre œuvre majeure de Yulgok, destinée quant à elle au roi Sŏnjo 宣祖 (r.1567-1608) : les *Principes essentiels de la sainteté* (*Sŏnghak chipyo* 聖學輯要). Dans cet ouvrage, rédigé et présenté au trône deux ans avant le *Kyŏngmong yogyŏl* en 1575, Yulgok exhorte son jeune souverain à suivre la Voie des sages souverains anciens, en se fondant également sur le modèle de la *Grande Étude* ainsi que sur la *Signification développée de la Grande Étude* (*Daxue yanyi* 大學衍義) de Zhen Dexiu 真德秀 (1178-1235). Le ton et les dimensions du *Kyŏngmong yogyŏl* sont toutefois bien différents de cet ouvrage philosophique imposant et difficile, truffé de citations savantes et de commentaires ardus. En effet le *Kyŏngmong yogyŏl* se caractérise par un style concis et ramassé, pour ne pas dire parfois nerveux, porté par une calligraphie enlevée, qui va la plupart du temps à l'essentiel, passant volontairement sous silence les nombreuses références érudites. Cette écriture particulière est d'ailleurs ce qui frappe le lecteur sans doute le plus déterminant du texte : le roi lettré Chŏngjo 正祖 (r. 1776-1800).

L'histoire et la réception du texte

D'après la préface du roi Chŏngjo, qui a donné ses lettres de noblesse au texte, le manuscrit autographe du *Kyŏngmong yogyŏl* rédigé à l'origine à Haeju se serait transmis à Kangnŭng 江陵 dans le Kangwŏn 江原 dans l'une des familles alliées de la famille maternelle de Yulgok. Des copies manuscrites devaient toutefois circuler dès le règne de Sŏnjo après la mort de Yulgok, comme le suggère une mention trouvée dans un mémoire adressé au trône par les élèves confucéens du Hwanghae en 1583. Par la suite en 1629, le roi Injo 仁祖 (r. 1623-1649) donne l'ordre d'imprimer une centaine d'exemplaires du texte et de les diffuser dans toutes les bibliothèques officielles du pays. Le *Kyŏngmong yogyŏl* intègre ainsi au dix-septième siècle le corpus éducatif orthodoxe et sert pour la première fois de texte officiel de référence, utilisé par décret royal dans toutes les écoles d'État.

De nombreuses rééditions suivent cette décision importante et le texte est fréquemment cité dans les mémoires au trône ainsi que les recueils de lettrés, témoignant ainsi de sa fortune continue au dix-septième siècle. Sous le règne de Hyojong 孝宗 (r. 1649-1659), il est même imprimé au Japon avec indications de prononciation japonaise et ponctuation simplifiée. C'est toutefois sous le règne de Chŏngjo, au dix-huitième siècle, que le *Kyŏngmong yogyŏl* commence à occuper une place symbolique importante. L'attribution d'une préface royale est en effet un hommage public et conséquent rendu à Yulgok par ce roi, symbole même du sage souverain dans l'imaginaire national.

Dans l'état actuel des connaissances, le *Kyŏngmong yogyŏl* aurait été imprimé au moins vingt-cinq fois, hors manuscrit transmis, durant quatre siècles jusqu'à l'ère contemporaine. Avant le vingtième siècle, dix éditions officielles se sont notamment succédé, en 1629, 1658, 1663, 1749, 1788, 1814, 1815, 1849, 1866 et 1895, avec une très grande homogénéité dans la présentation du texte. Neuf éditions ont ensuite suivi sous l'occupation japonaise, et parmi les éditions contemporaines, on compte plus de vingt éditions successives uniquement dans la maison d'édition Ŭryu munhwasa 을유 문화사. Le texte n'a toutefois pas connu de modification significative dans un tel processus de transmission et de diffusion, à l'exception notable de l'édition de Pak Kŏnhoe 朴建會 à la fin des années 1910 pendant l'époque coloniale. Ce dernier supprime en effet les chapitres six, sept et dix, ampute le chapitre cinq du passage traitant de la piété filiale à l'égard des parents, retranche les deux tiers du chapitre huit et supprime enfin l'intégralité des suppléments (diagrammes et textes), traditionnellement accolés au texte dans les *Œuvres complètes de Yulgok*. Réduit à une peau de chagrin, le *Kyŏngmong yogyŏl* perd alors toute sa dimension rituelle et concrète pour ne se présenter que comme un abrégé de morale générale.

L'histoire du texte du *Kyŏngmong yogyŏl* est largement tributaire du processus, lent et complexe, de compilation, d'édition et de circulation des *Œuvres complètes de Yulgok* (*Yulgok chŏnsŏ* 栗谷全書) dans lesquelles la majorité de ses œuvres et de ses écrits nous ont été transmis. Rappelons que la fortune de Yulgok a beaucoup varié après sa mort, au gré des aléas issus des luttes de factions qui ont particulièrement marqué les dix-septième et dix-huitième siècles. En 1610, l'académie confucéenne Sohyŏn (Sohyŏn sŏwŏn 紹賢書院) est inaugurée à Haeju à l'emplacement de son ancienne école, *Ŭngbyŏng chŏngsa*, détruite lors des invasions japonaises. L'année suivante, vingt-six ans après sa mort, son disciple Pak Yŏryong 朴汝龍 (1541-1611) y fait imprimer une première compilation de ses écrits, sous le titre de « Recueil des textes de maître Yulgok » (*Yulgok sŏnsaeng munjip* 栗谷先生文集) en onze *kwŏn*. En 1615, une autre académie confucéenne, appelée Chaun sŏwŏn 紫雲書院, est érigée à sa mémoire à P'aju, dans les environs de Séoul, où il est inhumé. En 1624, quarante ans après sa mort, Yi I reçoit le nom posthume honorifique de Munsŏng 文成 (« Culture accomplie »). En 1681, septième année du règne de Sukchong 肅宗 (r.1674-1720), sa tablette funéraire est installée dans le Temple de Confucius (Munmyo 文廟 ou Taesŏng chŏn 大成殿), juste à côté de celle de Yi Hwang. L'année suivante, une édition de compléments à son recueil d'œuvres, où figure pour la première fois une notice biographique, est imprimée. En 1686, une nouvelle édition de suppléments est imprimée par Pak Sech'ae 朴世采 (1631-1695) qui a recueilli pendant une dizaine d'années divers textes et écrits auprès de la famille de Yulgok ainsi qu'auprès de ses très nombreux disciples et amis. En 1689, toujours sous le règne de Sukchong, la tablette de Yulgok est retirée du Temple de Confucius à la demande des « Hommes de l'Est » (*Tongin* 東人), l'une des factions influentes de l'époque. Ce n'est qu'en 1694, un peu plus d'un siècle après sa mort, que la tablette funéraire de Yulgok réintègre de manière définitive le Temple de Confucius. Quant à la compilation de référence de ses œuvres, appelée *Yulgok chŏnsŏ* (*Œuvres complètes de*

Yulgok), elle ne voit le jour qu'au dix-huitième siècle et elle est largement tributaire du factionnalisme interne à l'école issue de sa postérité, en particulier des querelles interpersonnelles opposant Song Siyŏl 宋時烈 (1607-1689) et Pak Sech'ae ainsi que leurs partisans respectifs. En effet, de 1742 à 1744, Yi Chae 李縡 (1680-1746) compile, en suivant les instructions laissées par Song Siyŏl, les « œuvres complètes » de Yulgok en trente-huit *kwŏn* pour rectifier l'édition de 1686 de Pak Sech'ae. C'est cette compilation des œuvres complètes, augmentée par la suite et où figure le *Kyŏngmong yogyŏl*, qui est imprimée pour la première fois de manière officielle en 1749 par les soins de Hong Kuidal 洪啓禧 (1703-1771), sous le règne de Yŏngjo 英祖 (r. 1724-1776). C'est donc cette édition, en quarante-quatre *kwŏn*, qui sert par la suite de référence pour toutes les éditions xylographiques ultérieures du *Kyŏngmong yogyŏl*, qu'il soit intégré aux œuvres complètes ou imprimé dans une édition séparée. La typographie du texte est dès lors fixée et ne varie presque pas jusqu'à nos jours.

Ainsi, l'aggravation des luttes de factions est un phénomène non négligeable entourant la réception des œuvres de Yulgok, parmi lesquelles figure en bonne place le *Kyŏngmong yogyŏl*. La fortune et le destin de ce texte sont donc des reflets de l'histoire de Corée. Toutefois, le *Kyŏngmong yogyŏl* fut et reste encore aujourd'hui un classique du néo-confucianisme coréen à l'usage de tout aspirant à l'Étude. C'est d'ailleurs l'une des raisons pour lesquelles il figure aujourd'hui parmi les textes utilisés pour l'enseignement de la culture coréenne en chinois classique en Corée du Sud, renvoyant l'image d'un véritable « Budé » coréen. Il constitue enfin, nous l'espérons, une introduction brève et accessible à l'univers mental ainsi qu'aux pratiques sociales de ces générations de lettrés-fonctionnaires qui ont contribué, au fil des siècles, à forger une partie non négligeable de l'histoire et de la culture coréenne.

Note sur la présente édition et la traduction

Pour cette traduction du *Kyŏngmong yogyŏl* de Yulgok, inédite en langue occidentale, nous avons privilégié la clarté. Transposer des notions et des termes qui s'enracinent dans un contexte linguistique, culturel et historique aussi distant est un exercice difficile, pour ne pas dire périlleux pour le traducteur qui présente une version bilingue et dévoile ainsi une partie de son « travail d'atelier ».

L'appareil de notes, relativement conséquent et peut-être un peu rebutant au premier abord, s'est imposé comme une évidence et une nécessité dans la mesure où le texte ne livrait pas de lui-même ses clés d'interprétation.

Le manque d'une édition qui ferait véritablement autorité en matière d'annotations ou de ponctuation en traduction bilingue chinois classique/coréen nous a par ailleurs contraint à restituer le texte original tel qu'il se présente dans l'édition de référence du *Yulgok chŏnsŏ*, publiée par l'Académie d'études coréennes et plusieurs fois réédité (*Academy of Korean Studies*, anciennement appelée Han'guk chŏngsin munhwa yŏn'guwŏn 韓國精神文化研究院). Certains caractères chinois sont donc anciens et le texte n'a pas de ponctuation au sens propre. Il ne comporte que des points de lecture ajoutés au pinceau après impression et qui servent à marquer des pauses dans le texte sans véritablement correspondre à une ponctuation. La base de données sur les Classiques coréens, de l'*Institute for the Translation of Korean Classics* (한국고전번역원), un organisme placé sous la tutelle de l'État sud-coréen, livre d'ailleurs les textes anciens sans ponctuation.

Les passages qui sont entre parenthèses à l'intérieur du texte de traduction correspondent aux notes et précisions insérées en petits caractères par Yulgok au sein de son propre texte.

La traduction des citations et extraits d'autres sources donnés en note dans la traduction ne sont de la main du traducteur que lorsque ce dernier n'est pas précisé. En recourant parfois, mais pas de manière systématique, aux traductions déjà existantes, nous avons ainsi voulu rendre hommage et donner à voir les travaux de nos nombreux prédécesseurs, qui furent parfois de véritables pionniers. Des différences de transcription, de style, de ton et même de vocabulaire apparaissent donc dans certains cas avec notre propre traduction. Les différences de traduction de certains passages clés ont toutefois été signalées dans les notes.

Les Suppléments, appelés « Transcriptions des règles de cérémonial du sacrifice aux ancêtres » (*Cheŭich'o* 祭儀鈔) et évoqués au chapitre sept par l'auteur, n'ont pas été traduits ici, mais simplement livrés à titre indicatif dans leur version originale en fin de volume. Même si cet ensemble de trois schémas et de huit notices est conventionnellement accolé à la suite du *Kyŏngmong yogyŏl* dans le *Yulgok chŏnsŏ*, il constitue un corpus bien distinct, tant par le style que par son usage et sa destination principale.

La bibliographie proposée est indicative et ne recherche pas l'exhaustivité. Elle apporte quelques références sur l'auteur, la période et les problématiques associées dans le champ des études coréennes internationales. L'écrasante majorité des travaux portant sur Yulgok et le *Kyŏngmong yogyŏl* étant en langue coréenne, nous avons voulu éviter d'assommer le lecteur par une longue liste de titres, fastidieuse et sans doute inutile. La présence d'index des notions ou des noms de personnages ne nous a pas non plus paru utile pour ce texte précis, dans la mesure où les occurrences ne sont pas nombreuses et ne nécessitent pas une recherche systématique.

Quant aux transcriptions des termes et des noms, nous avons décidé de rendre les noms de personnages et de textes chinois en *pinyin*, transcription officielle de la Chine populaire, tandis que ceux des personnages et textes coréens sont donnés en prononciation coréenne des caractères chinois retranscrite à travers le système McCune Reischauer, qui est conventionnellement utilisé en études coréennes. Quant aux notions, nous les avons transcrites en *pinyin* puis en McCune Reischauer, afin de permettre aux lecteurs familiers de l'une ou l'autre de ces transcriptions de trouver aisément les prononciations chinoises ou coréennes correspondantes.

Les abréviations utilisées sont celles des éditions Les Belles Lettres.

Le traducteur souhaiterait enfin clore cette introduction par des remerciements sincères adressés aux éditions Les Belles Lettres ainsi qu'aux directeurs de cette nouvelle collection, intitulée Bibliothèque Chinoise, pour avoir fait le pari de publier dans ses premiers titres un texte coréen. Ils rendent en effet un bel hommage à deux millénaires d'échanges culturels denses et ininterrompus qui ont donné naissance à une riche tradition scripturaire et littéraire écrite dans une langue de culture commune, ici mise à l'honneur. Qu'il lui soit aussi permis d'évoquer son immense joie de voir publié en France, dans une magnifique édition bilingue, l'auteur auquel il ne cesse de consacrer, depuis quelques années déjà, une grande partie de sa propre « jeunesse ignorante », *mong* 蒙.

BIBLIOGRAPHIE SÉLECTIVE

Sources primaires évoquées et citées

Chen Shou 陳壽, *Sanguozhi* 三国志
Cheng Yi 程頤, *Yanzi suohao hexue lun* 顏子所好何學論
Chosŏn wangjo sillok 朝鮮王朝實錄
Chunqiu 春秋
  Gongyang zhuan 公羊傳
  Guliang zhuan 穀梁傳
  Zuo zhuan 左傳
Daming huidian 大明會典
Daodejing 道德經
Ercheng quanshu 二程全書
Ge Lifang 葛立方, *Yunyu yangqiu* 韻語陽秋
Huang Gan 黄幹, *Wujing jiangyi* 五經講義
Iryun haengsil to 二倫行實圖
Kwŏn Kŭn 權近, *Iphak tosŏl* 入學圖說
Kyŏngguk taejŏn 經國大典
Li Ao 李翺, *Fuxing shu* 復性書
Liji 禮記
Liu Xiang 劉向, *Shuo Yuan* 說苑
Lunyu 論語
Mengzi 孟子
Pak Semu 朴世茂, *Tongmong sŏnsŭp* 童蒙先習
Samgang haengsil to 三綱行實圖
Shijing 詩經
Shujing 書經

Sima Guang 司馬光, *Shuyi* 書儀
Sima Qian 司馬遷, *Shiji* 史記
Taizu shilu 太祖實錄
Wang Anshi ji 王安石集
Wang Tong 王通, *Zhongshuo* 中說
Wang Yinglin 王應麟, *Sanzijing* 三字經
Xinjing 心經 (摩訶般若波羅密多心經)
Xiaojing 孝經
Xunzi 荀子
Yi I 李珥, *Chagyŏngmun* 自警文
—, *Cheŭich'o* 祭儀鈔
—, *Haeju hyang'yak* 海州鄉約
—, *Haeju irhyang'yaksok* 海州一鄉約束
—, *Hakkyo mobŏm* 學校模範
—, *Kyŏngmong yogyŏl* 擊蒙要訣
—, *Munhŏn sŏwŏn hakkye* 文憲書院學規
—, *Sŏnghak chipyo* 聖學輯要
—, *Sunŏn* 醇言
—, *Tonggŏ kyesa* 同居戒辭
Yijing 易經
Yili 儀禮
Yulgok sŏnsaeng munjip 栗谷先生文集
Yulgok chŏnsŏ 栗谷全書
Zhao Ye 趙曄, *Wu Yue chunqiu* 吳越春秋, *Wu wang shouchun zhuan* 吳王壽夢傳
Zhang Zai 張載, *Ximing* 西銘
—, *Zhengmeng* 正蒙
Zhen Dexiu 真德秀, *Daxue yanyi* 大學衍義
—, *Xinjing* 心經
Zhouyi 周易
Zhu Xi 朱熹, *Lunyu jizhu* 論語集注
—, *Sishu zhangju jizhu* 四書章句集註
—, *Yili jingzhuan tongjie* 義禮經傳通解
—, *Zhang Hengqu zan* 張橫渠贊
—, *Zhuzi daquan* 朱子大全

—, *Zhuzi yülei* 朱子語類
—, *Zhuzi jiali* 朱子家禮
Zhu Xi 朱熹 et Liu Qingzhi 劉清之, *Xiaoxue* 小學
Zhu Xi 朱熹 et Lü Zuqian 吕祖謙, *Jinsilu* 近思錄

Bibliographie indicative en langue occidentale

ALSTON Dane H., « Emperor and Emissary: The Hongwu Emperor, Kwŏn Kŭn, and the Poetry of Late Fourteenth Century Diplomacy », *Korean Studies* 32, University of Hawaii Press, 2009.

AMES Roger T. et HALL David L., *Focusing the Familiar. A Translation and Philosophical Interpretation of the* Zhongyong, University of Hawaii Press, Honolulu, 2001.

AN Pyŏng-ju, « Yi I and his Thought », *Korea Journal* 11:4, 1971.

BAE Jong-ho, « The Philosophical Ideas of Yulgok », *Korea Journal* 28:11, 1988.

BAKER Donald L., « Factionalism in Perspective: Causes and Consequences of Political Struggles during the Choson Dynasty », *Korean Studies in Canada* 2, 1994.

—, « Rituals and Resistance in Choson Korea », *Sungkyun Journal of East Asian Studies* 7:2, 2007.

BALAZS Etienne, *La bureaucratie céleste. Recherches sur l'économie et la société de la Chine traditionnelle*, Tel Gallimard, Paris, 1988.

de BARY Wm. Theodore, *Neo-Confucian Orthodoxy and the Learning of the Mind-and-Heart*, Columbia University Press, New York, 1981.

—, *The Message of the Mind in Neo-Confucianism*, Columbia U.P., New York, 1989.

—, *Learning for one's self. Essays on the Individual in Neo-Confucian Thought*, Columbia U.P., New York et Oxford, 1991.

de Bary Wm.Theodore et Kim Haboush Ja-Hyun (éds.), *The Rise of Neo-Confucianism in Korea*, Columbia U.P., New York, 1985.

de Bary Wm. Theodore et John W. Chaffee (éds.), *Neo-Confucian Education. The formative Stage*, University of California Press, Berkeley, Los Angeles et Londres, 1989.

Blanchon Flora et Rang-Ri Park-barjot (dir.), *Le nouvel âge de Confucius. Modern Confucianism in China and South Korea*, PUPS, Paris, 2007.

Blusse Leonard et Harriet T. Zurndorfer (éds.), *Conflict and Accommodation in Early Modern East Asia: Essays in Honour of Erik Zurcher*, E.J. Brill, Leiden, 1993.

Bouchez Daniel et Dong-il Cho, *Histoire de la littérature coréenne des origines à 1919*, Fayard, Paris, 2002.

Bol Peter K., *This Culture of Ours. Intellectual Transitions in T'ang and Sung China*, Stanford University Press, Stanford, 1992.

—, *Neo-Confucianism in History*, Harvard University Asia Center, Harvard East Asian Monographs, Cambridge, 2010.

Breuker Remco E., *Establishing a Pluralist Society in Medieval Korea, 918-1170: History, Ideology, and Identity in the Koryo Dynasty*, Brill's Korean Studies Library, Brill, Leiden, 2010.

Bruneton Yannick, « Géographie administrative et discrimination régionale en Corée au XVe siècle », *Géographie et cultures* 51, L'Harmattan, Paris, 2005.

—, « Les institutions "hors codes" de Koryŏ (918-1392). Le bouddhisme et la construction de l'État dans la Corée médiévale », *Bulletin de l'École française d'Extrême-Orient* 92, Paris, 2007.

—, « Comment la répression du religieux a-t-elle accompagné la réforme du régime monarchique de T'aejong ? Les mesures antibouddhiques au début du XVe siècle en Corée », *in* Brotons Arnaud, Yannick Bruneton,

Nathalie KOUAMÉ (*et al.*), *État, religion et répression en Asie*, Karthala, Paris, 2010.

BUSWELL Robert E. Jr. (éd.), *Religions of Korea in Practice*, Princeton University Press, Princeton, 2007.

CHAN Wing-tsit, *Reflections on Things at Hand. The Neo-Confucian Anthology*, Columbia University Press, New York, 1967.

—, *Chu Hsi and Neo-Confucianism*, University of Hawaii Press, Honolulu, 1986.

—, *Chu Hsi. Life and Thought* (Ch'ien Mu Lectures 1984), The Chinese University Press, Hong Kong, 1987.

CHENG Anne (trad.), *Entretiens de Confucius*, Seuil, Points Sagesse, 1981.

CHENG Anne, « LI, ou la leçon des choses », Les Éditions de Minuit, *Philosophie* 44, 1994.

—, *Histoire de la pensée chinoise*, Seuil, Paris, 1997.

—, « La valeur de l'exemple. Le Saint confucéen : de l'exemplarité à l'exemple », *Extrême-Orient Extrême-Occident* 19, 1997.

CHENG Anne (éd.), *La pensée en Chine aujourd'hui*, Folio essais, Paris, 2007.

CH'OE Yŏng-ho, « Private Academies and the State in late Chosŏn Korea", *in* KIM HABOUSH JaHyun et Martina DEUCHLER (éds.), *Culture and the State in Late Choson Korea*, Harvard University Asia Center, Cambridge, 1999.

CHOI Yeonsik, « To Survive as a Buddhist Monk in a Confucian State: Gihwa's Response to Jeong Do-jeon's Critique of Buddhism », *Korea Journal* 47:3, 2007.

CHING Julia, « Yi Yulgok on the 'Four Beginnings and the Seven Emotions' », *in* de Bary Wm. Theodore et JaHyun KIM HABOUSH (éds.), *The Rise of Neoconfucianism in Korea*, New York, 1985.

CHUNG Chai-shik, « Confucianism: Tradition and Transformation in Korea », *Transactions of the Royal Asiatic Society, Korea Branch* 63,1988.

CHUNG Edward Y. J., *The Korean Neo-Confucianism of Yi T'oegye and Yi Yulgok. A Reappraisal of the "Four-Seven Thesis" and Its Practical Implications for Self-Cultivation*, State University of New York Press, Suny Series in Korean Studies, Albany, 1995.

—, « Yi Yulgok on *hsin*, *hsing*, and *ch'ing*: a Korean Neo-Confucian interpretation revisited », *Monumenta Serica*, 46, 1998.

—, « Yi T'oegye on Self-transcendence: A Neo-Confucian and Interreligious Dialogue », *Acta Koreana* 13:2, 2010.

CHUNG Seung-mo, *Markets: Traditional Korean Society*, Ewha Womans University Press, Séoul, 2006.

CIBOT Pierre-Martial, *Le Livre de la Piété filiale*, Seuil, Points Sagesse, 1998. (Première édition, BNF, 1779)

CLARK Donald N., « Choson's Founding Fathers: A Study of Merit Subjects in the Early Yi Dynasty », *Korean Studies* 6, 1982.

—, « The Ming Connection: Notes on Korea's Experience in the Chinese Tributary System », *Transactions of the Korea Branch of the Royal Asiatic Society* 58, 1983.

COURANT Maurice, *Répertoire historique de l'administration coréenne*, Cahiers d'études coréennes, Centre d'Etudes Coréennes 3, Collège de France, Paris, 1986.

COUVREUR Séraphin, *Mémoires sur les bienséances et les cérémonies*, Les Humanités d'Extrême-Orient, Cathasia, série culturelle des Hautes Études de Tien-Tsin, Les Belles Lettres, Paris, 1950.

—, *I-li Cérémonial*, Les Humanités d'Extrême-Orient, Cathasia, série culturelle des Hautes Études de Tien-Tsin, Les Belles lettres, Paris, 1951. (Première édition : Imprimerie de la Mission Catholique, Hsien Hsien, 1916)

—, *Cheu King*, Editions Kuangchi Press, 4e édition, 1966. (Première édition : Imprimerie de la Mission Catholique, Ho kien Fou, 1896)

DANIELS Michael, « Confucius and Confucianism in Korea », *Korea Journal* 19:5, 1979.

DEUCHLER Martina, « Neo-Confucianism in Early Yi Korea: Some Reflections on the Role of Ye », *Korea Journal* 15:5, 1975.

—, « Neo-Confucianism: The Impulse for Social Action in Early Yi Korea », *The Journal of Korean Studies* 2, 1980.

—, « Self-Cultivation for the Governance of Men: The Beginnings of Neo-Confucian Orthodoxy in Yi Korea », *Asiatische Studien* 34:2, 1980.

—, *The Confucian Transformation of Korea. A study of Society and Culture*, Harvard-Yenching Institute Monograph Series, Harvard University Press, Cambridge, 1992.

—, « Despoilers of the Way-Insulters of the Sages: Controversies over the Classics in Seventeenth-Century Korea », *in* JaHyun Kim HABOUSH et Martina DEUCHLER (éds), *Culture and the State in Late Choson Korea*, Harvard University Asia Center, Cambridge, 1999.

—, « Is 'Confucianization of Korea' a Valid Concept of Analysis? », *Sungkyun Journal of East Asian Studies* 7:2, 2007.

DUNCAN John B., « The Social Background to the Founding of the Choson Dynasty: Change or Continuity? », *The Journal of Korean Studies* 6, 1988-89.

—, « Confucianism in the Late Koryo and Early Choson », *Korean Studies* 18, 1994.

—, *The Origins of Chosŏn Dynasty*, University of Washington Press, Seattle et Londres, 2000.

EBREY Patricia Buckley, *Chu Hsi's* Family Rituals. *A Twelfth-Century Chinese Manual for the Performance of Cappings, Weddings, Funerals, and Ancestral Rites*, Princeton University Press, Princeton, 1991.

EGGERT Marion, « A Borderline Case: Korean travelers' views of the Chinese border », *in* PTAK Roderich et Sabine

DABRINGHAUS (éds.), *China and her Neighbors: Borders and Visions of the Others, Sung to Ch'ing*, Harrassowitz, Wiesbaden, 1997.

—, « Ideology and truth claims in Korean historiography of the "empiricist school" », *in* SCHMIDT-GLINTZER Helwig, Achim MITTAG et Jörn RÜSEN (éds.), *Historical Truth, Historical Criticism and Ideology. Chinese Historiography and Historical Culture from a New Comparative Perspective*, Brill, Leiden, 2005.

—, « Der Traum auf Reisen. Entgrenzungen von Selbst und Raum in koreanischer und chinesischer Reiseliteratur », *in* BAEHR Andreas, Peter BURSCHEL et Gabriele JANCKE (éds.), *Räume des Selbst. Transkulturelle Perspektiven der Selbstzeugnisforschung*, Böhlau, Cologne, Weimar et Vienne, 2007.

ELMAN Benjamin A., *A Cultural History of Civil Examinations in Late Imperial China*, University of California Press, Berkeley, 2000.

ELMAN Benjamin A., John B. DUNCAN et Herman OOMS (éds.), *Rethinking Confucianism: Past and Present in China, Japan, Korea, and Vietnam,* Asia Institute, University of California, Los Angeles, 2002.

FUMA Susumu, « Ming-Qing China's Policy towards Vietnam as a Mirror of Its Policy towards Korea: With a Focus on the Question of Investiture and 'Punitive Expeditions' », *Memoirs of the Research Department of the Toyo Bunko* 65, 2007.

GERNET Jacques, *Le monde chinois*, Armand Colin, Paris, 1972.

—, *L'intelligence de la Chine. Le social et le mental*, Bibliothèque des Histoires, NRF, Gallimard, Paris, 1994.

—, *Société et pensée chinoises aux XVI*[e] *et XVII*[e] *siècles*, Collège de France/Fayard, Paris, 2007.

GRANET Marcel, *La civilisation chinoise*, Albin Michel, Bibliothèque de l'Evolution de l'Humanité, Paris, rééd.

en format poche, 1968. (Première édition, La Renaissance du Livre, 1929).

Grayson James Huntley, *Korea: A Religious History,* édition revisée, Routledge, Londres, 2002.

Gründel Yang-Sook, *Ein Stern im fernen Osten: Der koreanische Gelehrte Yul-Gok (1536-1584)*, Wörrstadt, 2004.

de Heer Philip, « Three Embassies to Seoul: Sino-Korean Relations in the 15th Century », *in* Leonard Blusse et Harriet T. Zurndorfer (éds.), *Conflict and Accommodation in Early Modern East Asia: Essays in Honour of Erik Zurcher*, E.J. Brill, Leiden, 1993.

Kalton Michael C., « Early Yi Dynasty Neo-Confucianism: An Integrated Vision », *in* Laurel Kendall et Griffin Dix (éds.), *Religion and Ritual in Korean Society*, Center for Korean Studies, Institute of East Asian Studies, University of California, Berkeley, 1987.

—, *The Ten Diagrams on Sage Learning*, Columbia University Press, New York, 1988.

Kalton Michael C. et *al.*, *The Four-Seven Debate: An Annotated Translation of the Most Famous Controversy in Korean Neo-Confucian Thought*, Albany, 1994.

Kamenarovic Ivan P., *Xunzi*, Paris, Les Éditions du Cerf, 1987.

Kang Pyung-kun, « Sub-Bureaucracy and Community Structure of the Yi Dynasty: Their Implications in the Socio-Economic Development of Pre-Modern Society », *Korea Observer* 2:1, 1969.

Kang Sook Ja, « The Role of King Sejong in Establishing the Confucian Ritual Code », *The Review of Korean Studies* 9:3, 2006.

Karlsson Anders, « Central Power, Local Society, and Rural Unrest in Nineteenth-Century Korea: An Attempt at Comparative Local History », *Sungkyun Journal of East Asian Studies* 6:2, 2006.

—, « Royal Compassion and Disaster Relief in Choson Korea », *Seoul Journal of Korean Studies* 20:1, 2007.

KELLEHER M. Theresa, « Back to Basics: Chu Hsi's Elementary Learning (*Hsiao-hsüeh*) », *in* Wm. Theodore de BARY et John W. Chaffee (éds.), *Neo-Confucian Education. The Formative Stage*, University of California Press, Berkeley et Los Angeles, 1989.

KENDALL Laurel et Griffin DIX (éds.), *Religion and Ritual in Korean Society*, Center for Korean Studies, Institute of East Asian Studies, University of California, Berkeley, 1987.

KEUM Jang-tae, *Confucianism and Korean Thoughts*, Jimoondang Publishing Co., Séoul, 1998.

KO Dorothy, KIM HABOUSH Jahyun et Joan R. PIGGOTT, *Women and Confucian Cultures in Premodern China, Korea, and Japan*, University of California Press, Berkeley, 2003.

KIM Bun Woong et Wha Joon RHO (éds.), *Korean Public Bureaucracy: Readings*, Kyobo Publishers, Séoul, 1982.

KIM Daeyeol, « Chosŏn Confucian Scholar's attitudes toward the *Laozi* », *Sungkyun Journal for Asian Studies* 7:2, 2007.

—, « *Les sons corrects pour l'instruction du peuple* du roi Sejong », *in Histoire du monde au XV*e *siècle*, Fayard, Paris, 2009.

KIM Han-Kyo (éd.), *Studies on Korea: A Scholar's Guide*, University of Hawaii Press, Honolulu, 1980.

KIM Hyong-hio, « Cultural Thought of Yulgok », *Korea Journal*12:2, 1972.

—, « A Comparative Study of Yulgok and Merleau Ponty », *Korea Journal* 15:8, 1975.

KIM Seonmin, « Ginseng and Border Trespassing Between Qing China and Chosŏn Korea », *Late Imperial China* 28:1, 2007.

KIM Sun Joo, *Marginality and Subversion in Korea: The Hong Kyongnae Rebellion of 1812*, University of Washington Press, Seattle, 2007.

—, *The Northern Region of Korea: History, Identity, and Culture*, University of Washington Press, Seattle, 2010.

KIM Sung Moon, « Between Confucian Ideology and the State: A New Approach to Understanding the Literati Purge of 1519 », *The Review of Korean Studies* 5:2, 2002.

KIM Taik-kyoo, « Civil and Military Administration: Government Structure in Pre-Modern Korea », *Senri Ethnological Studies* 25, 1989.

KIM Youngmin, « Voices of Female Confucians in Late Choson Korea », *in* Robert E. BUSWELL Jr. (éd.), *Religions of Korea in Practice*, Princeton University Press, Princeton, 2007.

KIM HABOUSH JaHyun, « The Confucianization of Korean Society », *in* Gilbert ROZMAN (éd.), *The East Asian Region: Confucian Heritage and Its Modern Adaptation*, Princeton, Princeton University Press, 1991.

—, *The Confucian Kingship in Korea. Yŏngjo and the Politics of Sagacity*, Columbia University Prcss, New York, 1988 et 2001.

—, *Epistolary Korea. Letters in the Communicative Space of the Chosŏn*, 1392-1910, Columbia University Press, New York, 2009.

KIM HABOUSH JaHyun et Martina DEUCHLER (éds.), *Culture and the State in Late Choson Korea*, Harvard University Asia Center, Cambridge, 1999.

KIM-RENAUD Young-Key (éd.), *King Sejong the Great: The Light of Fifteenth Century Korea*, The International Circle of Korean Linguistics, Washington D.C., 1992.

KOH Hesung Chun, *Korean Family and Kinship Studies Guide*, Human Relations Area Files Inc., New Haven, 1980.

KWON Yon-Ung, « The Royal Lecture and Confucian Politics in Early Yi Korea », *Korean Studies* 6, 1982.

KYE Seung B., « The Posthumous Image and Role of Ming Taizu in Korean Politics », *Ming Studies* 50, 2004.

LANCASTER Lewis R. et Chai-shin YU (éds.), *Buddhism in the Early Choson: Suppression and Transformation*, Center for Korean Studies, Institute of East Asian Studies, University of California at Berkeley, Berkeley, 1996.

LANKOV Andrei, « Controversy over Ritual in 17th Century Korea », *Seoul Journal of Korean Studies* 3, December 1990.

LARY Diana (éd.), *The Chinese State at the Borders*, University of British Columbia Press, Vancouver, 2007.

LEE Byoung-jou, *Anthologie de la poésie coréenne du* XVIe *siècle*, éditions Mémoire Vivante, Paris, 2010.

LEE Chul-sung, « Re-evaluation of the Choson Dynasty's Trade Relationship with the Ch'ing Dynasty », *International Journal of Korean History* 3, 2002.

LEE Chung Soon, *Christian-Confucian Spirituality in Korea: A Comparison of Alfred North Whitehead and Yi Yulgok*, VDM Verlag, Sarrebruck, 2008.

LEE Hochol, « A Review of Korean Landownership System from the Choson Dynasty », *Nongop kyongje yongu* 41:4, 2000.

LEE Jee Kyoung, « The Aggressive National Defense Posture Taken during the Reign of King Sejong of the Joseon Dynasty », *The Review of Korean Studies* 9:3, 2006.

LEE Ki-baik, WAGNER Edward W. et SHULTZ Edward J. (trad.), *A New History of Korea*, Harvard University Press, Cambridge, Londres et Séoul, 1984.

LEE Peter H., « Images of society in the early chosŏn literary miscellany », *Sungkyun Journal of East Asian Studies* 6:2, 2006.

LEE Peter H. et William Theodore de BARY (éds.), *Sources of Korean Tradition*, 2 volumes, Columbia University Press, New York, 1997 et 2000.

LEE Sang-Bo, « The Essence of Yulgok's Literary Thought », *Yulgokhak* 2, 1989.

LEE Song Mu, « The *Gwageo* Examination System during the Goryeo and Early Joseon Periods », *in* Korean National

Commission for UNESCO (éd.), *Korean History: Discovery of Its Characteristics and Developments*, Hollym, 2004.

LEDYARD Gari, « Confucianism and War: The Korean Security Crisis of 1598 », *The Journal of Korean Studies* 6, 1988-1989.

LEVY André, *Dictionnaire de littérature chinoise*, PUF, Quadrige, Paris, 1994 et 2000.

LEWIS James B., *Frontier Contact Between Choson Korea and Tokugawa Japan*, RoutledgeCurzon, Londres, 2000.

L'HARIDON Béatrice, « L'ermite politique entre clair et obscur : le renoncement au pouvoir dans les textes historiques des deux dynasties Han », *Études Chinoises* 29, 2010.

L'HARIDON Béatrice (trad.), *Maîtres mots*, Bibliothèque chinoise, Les Belles Lettres, Paris, 2010.

LIU Haifeng, « Influence of China's Imperial Examinations on Japan, Korea and Vietnam », *Frontiers of History in China* 2:4, 2007.

MACOUIN Francis, *La Corée du Chosŏn. 1392-1896*, Guide Les Belles Lettres des Civilisations, Paris, 2009.

MAKEHAM John (éd.), *Dao Companion to Neo-Confucian Philosophy*, Dao Companions of Chinese Philosophy, Springer, Dordrecht, Hidelberg, Londres et New York, 2010.

MATTIELI Sandra (éd.), *Virtues in Conflict. Tradition and Korean Women Today*, Korea Branch of the Royal Asiatic Society, Séoul, 1977.

MIYAJIMA Hiroshi, « A New Horizon in the Study of the Household Register during the Joseon Period », *Sungkyun Journal of East Asian Studies* 3:1, 2003.

MULLER Charles, « The Great Confucian-Buddhist Debate », *in* Robert E. BUSWELL Jr. (éd.), *Religions of Korea in Practice*, Princeton University Press, Princeton, 2007.

NOH Hee-bang, « Communication Systems during the Choson Dynasty, 1392-1910 », *Korea Journal* 25:10, 1985.

OK Young Jung, « Korean Genealogy (Jokbo) Histories and Changes by Periods: Based on the Printing Culture », *The Review of Korean Studies* 10:4, 2007.

PAI Hyung Il et Timothy R. TANGHERLINI (éds), *Nationalism and the Construction of Korean Identity*, Center for Korean Studies, Institute of East Studies, University of California, Berkeley, 1998.

PALAIS James B., « Political Leadership in the Yi Dynasty », *in* SUH Dae-sook et Chae-jin LEE (éds.), *Political Leadership in Korea*, University of Washington Press, Seattle, 1976.

—, « Han Yong-u's Studies of Early Choson Intellectual History », *The Journal of Korean Studies* 2, 1980.

—, « Confucianism and the Aristocratic/Bureaucratic Balance in Korea », *Harvard Journal of Asiatic Studies* 44:2, 1984.

—, « Political Leadership and the Yangban in the Choson Dynasty », *Études Thématiques: La Sociéte Civile face a l'État dans Les Traditions Chinoise, Japonaise, Coréenne et Vietnamienne* 3,1994.

—, *Confucian Statecraft and Korean Institutions: Yu Hyŏngwŏn and the Late Chosŏn Dynasty*, University of Washington Press, Seattle, 1996.

—, *Views on Korean Social History*, Institute for Modern Korean Studies, Séoul, 1998.

PLAKS Andrew, *Ta hsüeh and Chung Yung (The Highest order of Cultivation and On the Practice of the Mean)*, Penguin Books, Londres, 2003.

PARK Eugene Y., *Between Dreams and Reality: The Military Examination in Late Choson Korea, 1600-1894*, Harvard University Asia Center, Harvard East Asian Monographs, Cambridge, 2007.

—, « Imagined Connections in Early Modern Korea, 1500-1894: Representations of Northern Elite Miryang Pak Lineages in Genealogies », *Seoul Journal of Korean Studies* 21:1, 2008.

PARK Hong-Kyu, « King Taejong as a Statesman: From Power to Authority », *Korea Journal* 46:4, 2006.

PARK Mee Hae, « Pan Ch'inyŏng Wedding Rites, Residential Rules, and the Status of Women in Sixteenth-Century Chosŏn: An Analysis Based on Miam-ilgi, the Diary of Yu Hŭi-ch'un », *Korean Studies* 31, 2007.

PARK Sung Bae, « How Yulgok Understood T'oegye, As Seen Through Yi's Letters to Ugye », *T'oegye hakpo* 55, 1987.

PARK Won-ho, « The Liaotung Peninsula Invasion Controversy during the Early Years of the Yi Dynasty », *Social Science Journal* 6, 1979.

PETERSON Mark, « Some Korean Attitudes toward Adoption », *Korea Journal* 17:12, 1977.

—, « The Adoption Dilemma in Traditional Korea », *Transactions of the Royal Asiatic Society, Korea Branch* 53, 1978.

—, *Korean Adoption and Inheritance: Case Studies in the Creation of a Classic Confucian Society*, Cornell University East Asian Program, Ithaca,1996.

POKORNY Lukas, *Ontologische Parallelen im Neuplatonismus und Neokonfuzianismus. Salomon ibn Gabirol und Yi Yulgok*, Praesens, Vienne, 2008.

PTAK Roderich et Sabine DABRINGHAUS (éds.), *China and her Neighbors: Borders and Visions of the Others, Sung to Ch'ing*, Harrassowitz, Wiesbaden,1997.

RO Young-chan, *The Korean Neo-Confucianism of Yi Yulgok*, State University of New York Press, Albany, 1989.

ROBINSON David M., « Korean Lobbying at the Ming Court: King Chungjong's Usurpation of 1506: A Research Note », *Ming Studies* 41, 1999.

ROBINSON Kenneth R., « The Chinese Ancestors in a Korean Descent Group's Genealogies », *The Journal of Korean Studies* 13:1, 2008.

ROBINSON Michael, « Perceptions of Confucianism in Twentieth-Century Korea », *in* Gilbert ROZMAN (éd.),

The East Asian Region: Confucian Heritage and Its Modern Adaptation, Princeton University Press, Princeton, 1991.

Rozman Gilbert Rozman (éd.), *The East Asian Region: Confucian Heritage and Its Modern Adaptation*, Princeton University Press, Princeton, 1991.

Sakai Tadao, « Yi Yulgok and the Community Compact », *in* Wm. Theodore de Bary et JaHyun Kim Haboush (éds.), *The Rise of Neo-Confucianism in Korea*, Columbia University Press, New York, 1985.

Sancho Isabelle, « L'orthodoxie néo-confucéenne coréenne de la première moitié de Chosòn (XIVe-XVIe siècles) et les interrogations de type religieux : le cas de Yulgok 栗谷, Yi I 李珥 (1536-1584) », *in* Flora Blanchon et Rang-Ri Park-Barjot (dir.), *Le nouvel âge de Confucius. Modern Confucianism in China and South Korea*, PUPS, Paris, 2007.

—, « Going beyond the boundaries in Confucian studies », *Journal of Confucian Philosophy and Culture* 9, Institute of Confucian Philosophy and Culture, SungkyunKwan University, Séoul, 2008.

—, « Fragments du discours amical », *Mélanges offerts à Marc Orange et Alexandre Guillemoz – Cahiers de l'Institut d'Études Coréennes* 8, Institut d'Études Coréennes, Collège de France, Paris, 2010.

Santangelo Paolo, « A Neo-Confucian Debate in 16th Century Korea: Its Ethical and Social Implications », *T'oung Pao* 76:4-5, 1990.

Setton Mark, « Factional Politics and Philosophical Development in the Late Choson », *The Journal of Korean Studies* 8, 1992.

Shin Yong-Ha, *Essays in Korean Social History*, Jisik-sanop Publications Co., Séoul, 2003.

Sohn Jae Souk, « Civil-Military Relations in Korea: A Historical Survey », *Hanguk chongch'i hakhoebo* 5, 1971.

SOHN Pokee, *Social History of the Early Choson Dynasty: The Functional Aspects of Governmental Structure*, Jisik-sanup Publications, Séoul, 2000.

SONG June-ho, « Dynamics of Elite Lineage Structure and Continuity in the Confucian Society of Traditional Korea », *in* Walter H. SLOTE (éd.), *The Psycho-Cultural Dynamics of the Confucian Family: Past and Present*, International Cultural Society of Korea, Séoul, 1986.

SONG Ki-joong, *The Study of Foreign Languages in the Choson Dynasty*, Jimoondang, Séoul, 2000.

SONG Sŏkku, « Yulgok's Social Reform Thought », *Korea Journal* 24:7, 1984.

SUKAWA Hidenori, « Currency in Early Choseon Korea: Issuance, Principles and Controversies », *International Journal of Asian Studies* 6:1, 2009.

TCHO Hye-young et Jean GOLFIN (trad.), *Étude de la sagesse en dix diagrammes*, Cerf, Patrimoines Confucianisme, Paris, 2005.

THIÉBAULT Philippe (trad.), *Anthologie de la sagesse extrême-orientale*, Éditions Autres Temps, Le Temps de la Pensée, 2009.

TU Weiming, « Yi Yulgok's Perception of Sagely Learning », Actes du troisième colloque international, Han'guk chŏngsin munhwa yŏnguwŏn, 1984.

—, « Korean Confucianism from a Sinic Perspective », *Acta Koreana* 13:2, 2010.

VANDERMEERSCH Léon, *Wang Dao ou la Voie Royale. Recherches sur l'Esprit des Institutions de la Chine Archaïque*, 2 tomes, Publications de l'École Française d'Extrême-Orient, Paris, 1977 et 1980.

—, *Études sinologiques*, Orientales, PUF, Paris, 1994.

VERMEERSCH Sem, *The Power of the Buddhas: The Politics of Buddhism during the Koryo Dynasty (918-1392)*, Harvard University Asia Center, Harvard East Asian Monographs, Cambridge, 2008.

WAGNER Edward W., *The Literati Purges: Political Conflict in Early Yi Korea*, Harvard University Press, Cambridge, 1974.

WALRAVEN Boudewijn C.A., « Confucians and Shamans », *Cahiers d'Extrême-Asie* 6, 1991-1992.

—, « Confucians and Restless Spirits », *in* Leonard BLUSSE et Harriet T. ZURNDORFER (éds.), *Conflict and Accommodation in Early Modern East Asia: Essays in Honour of Erik Zurcher*, E.J. Brill, Leiden,1993.

—, « The Confucianization of Korea as a Civilizing Process », *in The Universal and Particular Natures of Confucianism, Han'guk chŏngsin munhwa yŏn'guwŏn*, Séoul, 1994.

WALTON Linda A., *Academies and Society in Southern Sung China*, University of Hawaii Press, Honolulu, 1999.

de WEERDT Hilde, *Competition over Content: Negotiating Standards for the Civil Service Examinations in Imperial China (1127-1279)*, Harvard University Asia Center, Harvard East Asian Monographs, 2007.

WILKINSON Endymion, *Chinese History. A Manual*, edition révisée et augmentée, Harvard-Yenching Institute Monograph Series 52, Harvard University Press, 2000.

WRIGHT Arthur et TWITCHETT Denis (éds.), *Confucian Personalities*, Stanford, Stanford University Press, 1962.

YI Song-mu, « *Kwago* System and Its Characteristics: Centering on the Koryo and Early Choson Periods », *Korea Journal* 21:7, 1981.

—, « On the Causes of Factional Strife in Late Choson », *in* Dae-Sook SUH (éd.), *Korean Studies: New Pacific Currents*, University of Hawaii Press, Honolulu, 1994.

YAO Xinzhong (éd.), *Encyclopedia of Confucianism*, Routledgecurzon, Londres et New York, 2003, 2 volumes.

YI Tae-jin, « Economic Transformation and Socio-Political Trends in Sixteenth-century East Asia », *Seoul Journal of Korean Studies* 4, 1991.

—, « King Chongjo: Confucianism, Enlightenment, and Absolute Rule », *Korea Journal* 40:4, 2000.

—, *Dynamics of Confucianism and Modernization in Korean History*, Cornell East Asia Series, Ithaca, 2007.

YI Tae-jin et Sang-Woon JEON, « Science, Technology, and Agriculture in Fifteenth Century Korea », *in* Young-Key KIM-RENAUD (éd.), *King Sejong the Great: The Light of 15th Century Korea*, International Circle of Korean Linguistics, Washington D.C., 1992.

YOO Mi-rim, « King Sejong's Leadership and the Politics of Inventing the Korean Alphabet », *The Review of Korean Studies* 9:3, 2006.

YUN Peter, « Confucian Ideology and the Tribute System in Choson-Ming Relations », *Sach'ong* 55, 2002.

YUN Sa-soon, *Critical Issues in Neo-Confucian Thought: The Philosophy of Yi T'oegye*, University of Hawaii Press, Honolulu, 1991.

御製題栗谷手草擊蒙要訣正宗戊申

慕其人. 必讀其書. 讀其書. 必求其心. 卽心而便其人也. 是故尙友者. 未嘗不以書爲先. 而今以所慕之人之書. 重之以手自點竄之蹟. 則并與其心之著於畫. 而將有所默契于中. 其於求心之妙. 不旣愈切矣乎.

李文成予所尊慕也. 讀其全書. 想見其人. 近

1. Il s'agit de Chŏngjo 正祖 (1752-1800 ; r. 1776-1800), vingt-deuxième roi de la dynastie des Yi. Son nom personnel est Hyŏng'un 亨運, son nom de plume Hongjae弘齋, et ses noms honorifiques posthumes Chŏngjong munsŏng muyŏl sŏngin changhyo taewang 正宗文成武烈聖仁莊孝大王 puis, sous l'Empire (1897-1909), Chŏngjo kyŏngch'ŏn myŏngdo hongdŏk hyŏnmo munsŏng muyŏl sŏngin changhyo hwangje 正祖敬天明道洪德顯謨文成武烈聖仁莊孝宣皇帝 (titre d'empereur). Son nom a été officiellement transformé de Chŏngjong 正宗 à Chŏngjo正祖. Dans cette préface, datant de 1788, il est encore désigné sous le nom de Chŏngjong. Dans les textes chinois des Qing, il est désigné sous le nom de roi Gongxuan (Gongxuan wang 恭宣王).

2. « L'amitié avec les anciens », *shangyou/sang'u* 尚友, est décrite dans le *Mengzi* V.B.8 : « Mencius dit à Wan Zhang : "Lorsqu'on devient le meilleur lettré d'un village, on obtient l'amitié des meilleurs lettrés du

Commentaire royal sur le manuscrit autographe des *Principes essentiels pour éduquer les jeunes gens* de Yulgok (année *musin* du règne de Chŏngjong)[1]

L'admiration que l'on porte à un homme pousse à lire ses écrits et la lecture de ses écrits conduit à rechercher son esprit, car c'est à l'esprit qu'on reconnaît l'homme. Voilà pourquoi quand on veut lier amitié avec les anciens[2], les écrits viennent toujours en premier. Aujourd'hui, alors que je contemplais le manuscrit autographe d'un homme que j'admire, j'ai trouvé l'empreinte muette de son esprit dans le tracé même dc sa calligraphie, ce qui n'a fait que redoubler mon ardeur à vouloir saisir toutes les subtilités de son esprit !

Maître Yi, « Culture accomplie[3]», a toujours fait l'objet de mon admiration et de mon respect. En lisant ses œuvres

village. Lorsqu'on devient le meilleur lettré d'un royaume, on obtient l'amitié des meilleurs lettrés du royaume. Lorsqu'on devient le meilleur lettré du monde, on obtient l'amitié des meilleurs lettrés du monde. Si l'on ne se satisfait pas d'avoir pour amis les meilleurs lettrés du monde, on peut encore s'intéresser aux hommes des anciens temps. Toutefois, ce n'est certainement pas en récitant leurs poèmes et en lisant leurs écrits qu'on pourra les comprendre. Pour cela, il faut en effet étudier leur histoire. Voilà ce que c'est de que lier amitié avec les anciens." » 孟子謂萬章曰 : « 一鄉之善士, 斯友一鄉之善士, 一國之善士, 斯友一國之善士. 天下之善士, 斯友天下之善士, 以友天下之善士為未足, 又尚論古之人. 頌其詩, 讀其書, 不知其人可乎 ! 是以論其世也, 是尚友也. »

3. Il s'agit de Yulgok dont le nom posthume honorifique est « Culture accomplie » ou « Accomplissement de la culture », *munsŏng* 文成. Ce titre lui fut officiellement octroyé en 1624 par le roi Injo 仁祖 (r. 1623-1649).

聞臨瀛. 有所草擊蒙要訣及遺硯. 亟取而見之.

點畫如新. 終始若一. 明粹超詣之姿. 光霽灑落之象. 藹然可挹. 於開卷之初. 忽不知去文成二百有餘年. 非有待於讀其書而然也.

夫妙契疾書. 是公之思之精也. 卽此是學. 是公之居之敬也.

D'après les précisions données dans sa biographie, le caractère *wen/mun* 文 (« civilisation », « action civilisatrice » ou « écrit civilisateur ») lui a été donné pour la « puissance morale dont il a fait preuve, ainsi que pour ses connaissances étendues » (*daode bowen/todŏk pakmun* 道德博聞), et celui de *cheng/sŏng* 成 (« accomplir », « réaliser ») pour son action politique qui a lui permis d'« apporter la paix au peuple et de redresser le gouvernement » (*anmin lizheng/anmin ipchŏng* 安民立政).

4. Les œuvres de Yulgok ont été publiées dans quelques éditions partielles jusqu'au XVIIIe siècle (1611, 1681, 1682, 1686). La première édition des « œuvres complètes », *chŏnsŏ* 全書, date de 1744, et fut révisée et augmentée en 1749. C'est à cette dernière édition, appelée « édition par caractères mobiles en bois de l'année *kisa* de l'ère Qianlong » (乾隆己巳木活字本) que Chŏngjo fait sans doute référence. Des exemplaires de cette édition sont aujourd'hui conservés à l'Institut Kyujanggak de l'Université Nationale de Séoul, à la bibliothèque centrale de l'Université Yonsei ainsi qu'à la bibliothèque Changsŏgak de l'Académie d'Études Coréennes.

5. L'information aurait été transmise au roi par Kwŏn Han 權漢, secrétaire au ministère de l'Armée (Pyŏngjorang 兵曹郞).

6. Il s'agit de Kangnŭng 江陵, dans l'actuelle province du Kangwŏn 江原, ville d'origine de la famille maternelle de Yulgok.

7. Le manuscrit ainsi que l'encrier sont conservés aujourd'hui au musée privé Ojukhŏn de Kangnŭng. Ils furent conservés à partir du XVIIIe siècle dans un petit pavillon, appelé Ŏjegak 御製閣, que le roi Chŏngjo avait fait spécialement ériger par le gouverneur de la province du Kangwŏn, Kim Chaech'an 金載瓚. Lors des travaux de rénovation du site d'Ojukhŏn entrepris sous la présidence de Pak Chŏnghŭi (1917-1979) en 1975, le pavillon fut déplacé vers l'est en raison de son délabrement et un temple ancestral, appelé Munsŏngsa 文成祠, fut construit à sa place. Le manuscrit, relié en un volume avec adjonction de la préface royale, est classé « trésor national » n° 602 depuis le 23 avril 1976 au patrimoine officiel de la Corée du Sud. L'ouvrage (23,7 cm x 23,5 cm) est sur papier coréen traditionnel,

complètes[4], je m'étais figuré l'homme qu'il avait été. Lorsque j'ai récemment ouï dire[5] que subsistaient à Imyŏng[6] le manuscrit autographe de ses *Principes essentiels pour éduquer les jeunes gens* ainsi que l'un de ses encriers, je les ai aussitôt fait apporter afin de les examiner[7].

C'est comme si les points et les lignes de la calligraphie venaient tout juste d'être déposés sur le papier et le texte se déployait d'une seule traite du début jusqu'à la fin. Dès l'instant où j'ai entrepris de dérouler le manuscrit, les marques de ses dons exceptionnels, d'une pureté radieuse, ainsi que les reflets de sa vertu, aussi éclatante que vent et lune dans un ciel serein me sont apparus dans toute leur splendeur. J'en ai alors brusquement oublié que la disparition de Maître Yi remontait à plus de deux cent ans[8] ; un phénomène qui ne s'explique pas par le simple fait de lire son texte.

En effet, « le besoin impérieux d'écrire toute idée qui lui traverse l'esprit[9] » devait certainement être une caractéristique de la pensée exceptionnelle du duc[10] et cette manière correcte d'étudier est précisément un témoignage de l'esprit de sérieux qui l'habitait tout entier.

appelé *hanji* 韓紙, élaboré à partir de bois de mûrier. Le texte est rédigé d'une seule traite, sans ajout ni rature. La calligraphie est de style dit courant ou usuel, *xingshu ti/haengsŏ ch'e* 行書體. Ce style, élaboré sous les Han en Chine à la suite d'une légère évolution du style dit régulier ou normal, est une écriture cursive permettant d'écrire rapidement tout en restant lisible. D'une qualité esthétique certaine, ce style révèle les particularités de chaque calligraphe.

8. Rappelons que Yulgok est mort en 1584.

9. Cette expression est employée par Zhu Xi (voir n. 2, chap. 3) pour caractériser le travail de Zhang Zai 張載 (1020-1078), lorsque ce dernier rédigeait son célèbre ouvrage, le *Zhengmeng* 正蒙 (« corriger/redresser l'ignorance juvénile » ; titre également traduit « L'Initiation correcte ») : « Il déployait toutes ses forces pour réaliser en actes ses pensées exceptionnelles, il était animé du besoin impérieux d'écrire toute idée qui lui traversait l'esprit » 精思力踐, 妙契疾書. *Cf. Zhang Hengqu zan* 張橫渠贊.

10. Le titre de duc, *gong/kong* 公, est dévolu aux lettrés-fonctionnaires éminents à titre posthume.

由是而求之修齊身家之工. 堯舜君民之策. 直不過推將做去. 後之慕公而求公心者. 其有不賴於斯卷者歟.

然是書乃小學初程也. 爲臨瀛子弟者. 徒知愛翫於手澤之遺. 不務深究乎嘉惠之志. 則豈

11. Yao 堯 (encore appelé Tang Yao 唐堯 ou Di Yao 帝堯) et Shun 舜 (aussi appelé Yu Shun 虞舜 ou Di Shun 帝舜) sont des empereurs de la période mythique dite des Cinq empereurs (*wudi ji* 五帝紀). Leurs dates d'accession au trône sont : 2357 av. J.-C. pour Tang Yao 唐堯, et 2257 av. J.-C. pour Yu Shun 虞舜. Ils sont mentionnés pour la première fois dans le *Livre des Documents*, le *Shujing* 書經. Sous leurs règnes, le droit pénal, le semis et la transplantation ainsi qu'un régulateur de l'année solaire auraient été créés. Voir Granet Marcel, *La civilisation chinoise*, Albin Michel, Bibliothèque de l'Evolution de l'Humanité, Paris, réed. format poche, 1968 (première édition : La Renaissance du Livre, 1929), p. 21.

12. Il s'agit là du paradigme de la *Grande Étude* qui postule que la culture de soi engendre un bon ordonnancement de la famille puis de la société dans son ensemble, dans un mouvement naturel d'élargissement et de déploiement.

13. La *Petite Étude*, *Xiaoxue* 小學, est un ouvrage publié en 1187 par Zhu Xi et compilé avec l'aide de Liu Qingzhi 劉清之 (1130-1195). Rédigé une quinzaine d'années après le *Jinsilu* 近思錄 qui lui sert de pendant (voir n. 15, chap. 4), cet ouvrage traite de l'éducation primaire néo-confucéenne. Il est composé de deux cent quatorze chapitres dits intérieurs et de cent soixante-douze chapitres dits extérieurs. Son but est principalement d'inculquer les principes fondamentaux du comportement rituel. Le terme même de « petite étude » fait en effet référence au modèle supposé de l'éducation antique de l'homme de bien confucéen, comme le décrit Zhu Xi dans sa préface à la *Grande Étude* : « Durant la période prospère des Trois Dynasties, les méthodes d'instruction se sont peu à peu perfectionnées. À la suite de cela, du palais impérial aux capitales de provinces, en passant même par les villages, il n'y eut aucun lieu qui n'eût son école. À l'âge de huit ans,

Si, à partir de cet exemple, on s'emploie à se cultiver soi-même et à ordonner sa maison, ainsi qu'à rendre un prince et un peuple dignes de Yao et Shun[11], la tâche reviendra simplement à laisser les choses se déployer d'elles-mêmes[12]. Quel est celui d'entre nous qui, respectant Maître Yi et recherchant son esprit, ne trouverait pas une aide précieuse dans le texte que voici ?

Par ailleurs, cet ouvrage est une étape préparatoire à la *Petite Étude*[13]. Si ses dépositaires à Imyŏng se contentent de le traiter à la légère comme s'il s'agissait d'une simple relique sans faire l'effort d'analyser en profondeur sa signification

tout jeune garçon, qu'il soit fils du souverain, fils de duc ou même garçon du peuple, débutait son éducation dans les écoles de Petite Étude. D'une part on lui apprenait les règles rituelles qui consistent à arroser et balayer le sol, à répondre aux ordres et aux questions, à s'avancer et se retirer et d'autre part, on lui enseignait les raffinements de la culture que sont les rites, la musique, le tir à l'arc, la conduite du char, la calligraphie et le calcul mathématique. Une fois atteint l'âge de quinze ans, tous les garçons, qu'il s'agisse du fils de l'empereur, de ses fils secondaires, des fils légitimes des ducs, des ministres, des hauts fonctionnaires et des scribes impériaux ou même des brillants éléments du peuple, tous entraient à l'école de la Grande Étude où on leur enseignait la Voie consistant à scruter la raison des choses, à rendre le cœur droit, à se cultiver soi-même et à bien gouverner. Voilà pourquoi l'enseignement était autrefois divisé dans les écoles en programmes de Petite et de Grande Étude. » 三代之隆, 其法寖備, 然後王宮, 國都以及閭巷, 莫不有學. 人生八歲, 則自王公以下, 至於庶人之子弟, 皆入小學, 而教之以灑掃, 應對, 進退之節, 禮樂, 射御, 書數之文 ; 及其十有五年, 則自天子之元子, 眾子, 以至公卿大夫元士之適子, 與凡民之俊秀, 皆入大學, 而教之以窮理正心修己治人之道. 此又學校之教, 大小之節所以分也. Texte d'éducation élémentaire, la *Petite Étude* illustre le vaste projet social créé par les néo-confucéens sous les Song. Il s'intègre en effet dans une politique d'éducation de la société, qui passait notamment par la création et le développement des « académies confucéennes », *shuyuan /sŏwŏn* 書院. Pour de plus amples informations, se reporter à l'article de M. Theresa Kelleher, « Back to Basics: Chu Hsi's Elementary Learning (*Hsiao-hsüeh*) », *in* Wm. Theodore de Bary et John W. Chaffee (éds.), *Neo-Confucian Education. The Formative Stage*, University of California Press, Berkeley et Los Angeles, 1989, p. 219-251.

不反爲慈鄕之耻．而如欲進此以求．亦必讀其全書．而後爲可也．

予因此別有感焉．曩於嶠南．得李文純手書心經．今又得是本．兩賢之生．旣幷一世．二書之出．適相先後．殆若有待．事或不偶．而儒風

14. Si l'on considère le contexte troublé des luttes de factions du XVIIIe siècle (factions politiques porteuses de divergences philosophiques ainsi que de conflits d'intérêt régionalistes), cette remarque du roi Chŏngjo est très intéressante. Ce dernier sermonne en effet les fonctionnaires et lettrés confucéens de la région de Kangnŭng, en particulier ceux qui se réclament de la postérité de Yulgok.

15. Après avoir quelque peu tancé les lettrés confucéens, le roi Chŏngjo, homme de lettres et d'esprit, rappelle qu'il est l'éducateur suprême du royaume et que partant, il est un véritable sage souverain confucéen. Il rappelle à l'ordre les lettrés dont le devoir est avant tout d'étudier.

16. Le Yŏngnam 嶺南 désigne la région actuelle du Kyŏngsang, au sud-est de la péninsule coréenne. C'est la région d'origine de T'oegye, Yi Hwang (voir note suivante), ainsi que le berceau des écoles et des factions nées de sa postérité.

17. Yi Hwang 李滉 (nom personnel : Kyŏngho 景浩, noms de plume : T'oegye 退溪, Toong 陶翁, T'oedo 退陶 et Chŏngnyang sanin 清凉山人, nom honorifique posthume : Munsun 文純 ; 1501-1570) est le chef de file de l'école dite du Yŏngnam (*Yŏngnam hakp'a* 嶺南學派) opposée traditionnellement à l'école dite de Kiho (*Kiho hakp'a* 畿湖學派) dont le chef de file serait Yulgok, Yi I. À l'âge de douze ans, il est éduqué par le frère cadet de son père Yi U 李堣. En 1523, il devient élève au Collège des lettrés. Docteur en 1528, il réussit le concours mandarinal en 1534. Il occupe alors divers postes. Lors de la purge de lettrés de 1545, il est un temps démis de ses fonctions en raison des attaques de Yi Ki 李芑 (1476-1552). En 1569, après avoir occupé divers postes importants, il se retire à la campagne. Il se consacre alors à l'étude, à l'enseignement et au développement du

admirable, quelle honte ce serait pour leur région[14] ! S'ils souhaitent progresser afin d'en tirer quelque enseignement, ils devront nécessairement lire ses œuvres complètes pour y parvenir[15].

J'éprouve un sentiment particulier à l'égard de tout ceci. J'ai pu voir dernièrement dans le Yŏngnam[16] le manuscrit autographe de la copie que Maître Yi, « Pure Culture[17] », avait faite du *Classique du cœur*[18] et je découvre aujourd'hui l'écrit que voici. Les deux sages sont nés à la même époque et il se trouve que la découverte de leurs deux manuscrits se suit à peu de temps d'intervalle. C'est comme s'il avait fallu attendre le moment opportun et cela ne me semble pas fortuit. Le vent

néo-confucianisme. Il obtient pour la première fois qu'une académie confucéenne reçoive une inscription royale, et donc une reconnaissance officielle. En effet, il obtient du roi Sŏnjo une inscription pour le fronton d'un bâtiment qu'il fait construire au Paegundong sŏwŏn 白雲洞書院, créé par Chu Sebung 周世鵬 (1495-1554). Il fait également construire la célèbre académie Tosan sŏwŏn 陶山書院 à côté de la ville d'Andong. Respecté comme un grand lettré par les rois Chungjong, Myŏngjong et Sŏnjo, il reçoit le titre posthume de « Pure Culture » et ses tablettes funéraires sont placées dans le Temple de Confucius.

18. Le *Xinjing* 心經 (« Classique du cœur ») est l'un des ouvrages du néo-confucéen chinois Zhen Dexiu 真德秀 (1178-1235), auteur de la *Signification développée de la Grande Étude* (*Daxue yanyi* 大學衍義). Présenté en 1234 à l'empereur Lizong 理宗 (r. 1224-1264) des Song du Sud lors des derniers jours de Zhen Dexiu à la cour, l'ouvrage fait figure de testament spirituel de Zhen. Alternative au fameux *Sūtra du cœur* éponyme du bouddhisme, le *Classique du cœur* a par la suite durablement marqué les développements d'une réflexion sur le cœur/esprit dans le néo-confucianisme orthodoxe en Chine, en Corée et au Japon. Le sinologue américain, spécialiste du néo-confucianisme, Wm.Theodore de Bary raconte dans l'un de ses ouvrages de référence qu'il a découvert l'existence même du *Classique du cœur* en Corée, en visitant Tosan sŏwŏn 陶山書院, l'académie fondée par Yi Hwang. C'est cette découverte qui l'aurait d'ailleurs conduit à s'intéresser et à étudier ce qu'on appelle l'« étude du cœur » (*xinxue/simhak* 心學) dans le néo-confucianisme orthodoxe. Voir de Bary, *Neo-Confucian Orthodoxy and the Learning of the Mind and Heart*, Columbia University Press, New York, 1981, p. 67.

寢邈. 聖言日湮. 每御經筵. 益不禁不同時之恨也.

臨瀛卽公外鄕. 公實生焉. 所謂烏竹軒者是已. 後爲權氏有. 書亦藏于其家. 權之先爲是公姨親也. 旣識此. 且銘其硯而歸之.

19. Cette expression courante désigne les pratiques et les usages confucéens. On trouve un exemple célèbre de cette métaphore dans les *Entretiens*, 12.19 : « Confucius : "Est-il besoin, pour gouverner, de tuer ? Choisissez vous-même le bien et le peuple sera meilleur. La vertu de l'homme de bien est puissante comme le vent, celle de l'homme de peu faible comme l'herbe qui, sous le vent, plie et se couche." » (traduction Anne Cheng, *Entretiens de Confucius*, Seuil, Points Sagesse, 1981) 孔子對曰 : « 子為政, 焉用殺 ? 子欲善, 而民善矣 ! 君子之德風 ; 小人之德草 ; 草上之風必偃. »

20. Le roi Chŏngjo réitère ses critiques envers son entourage de conseillers, qui étaient notamment chargés de ces « leçons royales » (*kyŏng'yŏn* 經筵) lors desquelles les fonctionnaires expliquaient et débattaient des Classiques avec le souverain.

21. Le Ojukhŏn 烏竹軒 (« Pavillon des bambous noirs ») est classé « trésor national » n° 165 depuis le 21 janvier 1963 au patrimoine officiel de la Corée du Sud. Il figure d'ailleurs en arrière fond sur les billets de banque de 5000 wons qui sont à l'effigie de Yulgok, de même que « l'encrier du dragon » (voir note suivante). Le pavillon se visite aujourd'hui dans la maison maternelle de Yulgok à Kangnŭng. Le nom du pavillon a été donné en référence au petit bosquet de bambous « noir corbeau » (*o* 烏) qui jouxte

confucéen[19] est aujourd'hui tombé et s'éloigne, les sages discours sombrent de jour en jour dans l'oubli. Chaque fois que je me rends aux leçons royales, je ne peux m'empêcher de déplorer davantage le fait de ne pas être né à leur époque[20].

C'est précisément à Imyŏng que se trouve la famille maternelle du duc et c'est donc là où il est né en réalité, au lieu dit du pavillon des bambous noirs[21]. Par la suite, le lieu est revenu à la famille Kwŏn qui a conservé le texte en secret, les Kwŏn étant issus de la famille de la tante maternelle du duc[22]. Reconnaissant cela, je leur envoie ceci, de même qu'une inscription gravée sur l'encrier[23].

la chambre qui aurait vu naître Yulgok. Cette chambre, à main droite dans le pavillon, porte le nom de « Salle du rêve du dragon », *mong'yongsil* 夢龍室. La mère de Yulgok, la célèbre peintre et calligraphe Sin Saimdang 申師任堂 (1504-1551), aurait en effet rêvé d'un dragon la nuit précédant son accouchement.

22. Le texte s'est transmis dans la famille de Kwŏn Ch'ŏg'yun 權處均. Le grand-père maternel de Yulgok est Sin Myŏnghwa申命和, qui a pour gendre Kwŏn Hwa 權和. Le fils de ce dernier est précisément Kwŏn Ch'ŏgyun qui obtient par héritage les propriétés de Sin Myŏnghwa, dont fait partie Ojukhŏn 烏竹軒. D'après sa biographie, Yulgok ne s'est pas rendu à Kangnŭng après 1569. Le manuscrit a donc dû être rapporté par la suite de Haeju à Ojukhŏn par un membre de sa famille.

23. Cet encrier est appelé « encrier du dragon », *yong'yŏn* 龍硯, Chŏngjo ayant qualifié Yulgok de dragon dans l'inscription qu'il fait graver sous l'encrier : « Baigné dans les eaux de Zhu Xi, à l'ombre de la stèle de Confucius, il a diffusé au loin ; le dragon s'en est retourné dans sa grotte, mais les nuages de sa renommée humidifient encore l'encre, ici où demeure sa lettre et son esprit » ; 涵婺池, 象孔 石, 普厥施, 龍歸洞, 雲潑墨, 文在玆. Fabriqué avec une roche noire extraite du mont Kosan 高山 à Andong, l'encrier porte sur le dessus une décoration simple de fleur de prunus, l'un des multiples symboles iconographiques du lettré.

予卽祚之十二年戊申初夏題. 仍命公傍裔李秉模之在閣職者書之.

24. Il s’agit de l’année 1788.

25. Yi Pyŏngmo 李秉模 (nom personnel : Yich’ik 彛則, nom de plume : Chŏngsujae 靜修齋, nom honorifique posthume : Munik 文翼; 1742-1806) est un descendant de Yulgok, du clan des Yi de Tŏksu (Tŏksu Yissi 德水李氏). Docteur en 1773, il réussit le grand concours civil et entre dans l’administration sous la protection de Han Ingmo 韓翼謨 (1703- ?), Premier Président du Grand Conseil d’État (*yŏng’ŭijŏng* 領議政). Il occupe durant sa carrière de nombreuses et importantes fonctions, au Censorat, à la Bibliothèque royale, au Cabinet des historiographes, au ministère des Rites et au ministère des Fonctionnaires civils. Il est par ailleurs nommé par trois fois gouverneur (*kwanch’alsa* 觀察使), dans les provinces du Kyŏngsang, du Hamgyŏng et du P’yŏng’an, et il occupe sous deux règnes successifs les fonctions de Premier Président du Grand Conseil d’État. Réputé pour ses talents littéraires, il est enfin envoyé à plusieurs reprises en ambassade en Chine, en 1778 et 1795. Sous le règne de Chŏngjo toutefois, il est pris un

En ce début d'été de la douzième année de mon règne, année *musin*[24], je compose ce texte dont je confie la calligraphie au descendant direct du duc (Yi Pyŏngmo[25]), de la Bibliothèque royale[26].

temps dans la tourmente des luttes de factions et il est assigné à résidence à Unsan 雲山 en 1779. En 1784, alors qu'il est gouverneur du Kyŏngsangdo, il fait imprimer le *Tonhyorok* 敦孝錄 de Pak Sŏngwŏn 朴聖源 (1697-1757), un ouvrage de piété filiale.

26. Peu de temps après être monté sur le trône en 1776, le roi Chŏngjo crée le Kyujanggak 奎章閣, où des fonctionnaires spécialement sélectionnés par le Grand Conseil et lui-même sont non seulement chargés de la conservation et de l'édition des ouvrages mais aussi de la rédaction et de l'étude de nombreux textes. Véritable organe de consultation, aux allures de cabinet de conseil et d'expertise, le Kyujanggak restera l'une des institutions au plus fort capital symbolique du règne de Chŏngjo, voire de toute l'époque Chosŏn. Aujourd'hui, les fonds de cette bibliothèque ainsi que la plupart des archives coréennes sont conservés à l'Institut éponyme de l'Université de Séoul, communément considérée comme l'une des meilleures universités du pays.

擊蒙要訣序

人生斯世. 非學問無以爲人. 所謂學問者. 亦非異常別件物事也. 只是爲父當慈. 爲子當孝. 爲臣當忠. 爲夫婦當別. 爲兄弟當友. 爲少者當敬長. 爲朋友當有信. 皆於日用動靜之閒. 隨事各得其當而已.

1. Yulgok affirme dès l'incipit de son ouvrage que l'humanité s'acquiert : on ne naît pas homme, on le devient grâce à l'Étude, chère à Confucius.

2. Yulgok énumère ici les « cinq relations humaines cardinales », les *wulun/oryun*五倫, qui sont fondatrices de l'ordre social confucéen et sont censées être métonymiques de toutes les formes de relations humaines. L'apprentissage de ces règles participe de l'étude primaire confucéenne. On trouve mention de ces « cinq relations » dans le *Mengzi* 孟子, III.A.4 : « Hou Ji enseigna au peuple le semis et la moisson ainsi que la culture des cinq céréales. Lorsque les cinq céréales furent arrivées à maturité, le peuple entier eut de quoi se nourrir. Il existe une loi qui gouverne les hommes. S'ils mangent à satiété, portent des vêtements chauds et qu'ils logent dans des maisons mais ne sont pas éduqués, ils se rapprochent des bêtes sauvages. Le saint souverain Shun, préoccupé de cela, nomma Xie Ministre de l'éducation et le chargea d'enseigner au peuple les règles régissant les relations humaines afin que règnent l'affection entre un père et un fils, la justice entre un prince et un ministre, la distinction des rôles entre un mari et une femme, l'ordre de préséance entre les aînés et les cadets et la confiance entre les amis. L'empereur lui dit : "Encouragez-les, attirez-les, redressez-les, corrigez-les, aidez-les, fortifiez-les. Faites qu'ils deviennent eux-mêmes. Continuez ensuite à les stimuler et à déployer sur eux les bienfaits." Le Saint, si préoccupé de son peuple qu'il était, aurait-il eu le loisir de cultiver lui-même la terre ? » 后稷教民稼穡, 樹藝五穀, 五穀熟而民人育. 人之有道也 ; 飽食煖衣 , 逸居而無教 , 則近於禽獸 ; 聖人有憂之 , 使契為司徒,

Préface
aux
Principes essentiels pour éduquer les jeunes gens

Sans étude, nul homme ne pourrait devenir humain[1]. Par étude, l'on n'entend rien d'insolite ni d'extraordinaire. Il suffit de se conduire à tout moment du quotidien, en fonction de chaque circonstance particulière, en père tendre, en fils filial, en sujet loyal, en époux soucieux des distinctions de rôle, en frère attentionné, en jeune homme respectueux des aînés, ou en ami de confiance[2].

教以人倫：父子有親, 君臣有義, 夫婦有別, 長幼有序, 朋友有信. 放勳曰 : « 勞之來之, 匡之直之, 輔之翼之, 使自得之, 又從而振德之. » 聖人之憂民如此, 而暇耕乎 ? On trouve aussi mention de ces « cinq relations » dans *L'Invariable Milieu*, 20 : « Les lois valables pour tous les hommes sous le Ciel sont au nombre de cinq et il y a trois vertus à mettre en pratique. Les cinq relations prince/sujet, père/fils, mari/femme, frère aîné/frère cadet, ami/ami sont des prescriptions valables pour tous et les trois vertus que sont la prudence, l'humanité et le courage sont elles aussi valables pour tous sous le Ciel. Il n'y a qu'une seule et unique chose importante : les mettre en pratique. Certains en ont conscience dès leur naissance, d'autres les apprennent en étudiant et d'autres encore parviennent à les comprendre avec difficulté, mais en fin de compte la prise de conscience est la même pour tous. Certains les pratiquent avec aisance, d'autres par accumulation et certains enfin au prix de nombreux efforts. Mais en fin de compte, les résultats accomplis sont identiques pour tous. » 天下之達道五, 所以行之者三 : 曰君臣也, 父子也, 夫婦也, 昆弟也, 朋友之交也. 五者天下之達道也. 知仁勇三者, 天下之達德也, 所以行之者一也. 或生而知之, 或學而知之, 或困而知之, 及其知之一也 ; 或安而行之, 或利而行之, 或勉強而行之, 及其成功一也. Il convient de noter que les relations prince/sujet, aîné/cadet et mari/femme sont parfois aussi appelées les Trois règles, *sangang*/*samgang* 三綱.

非馳心玄妙. 希覬奇效者也. 但不學之人. 心地茅塞. 識見茫昧. 故必須讀書窮理. 以明當行之路. 然後造詣得正. 而踐履得中矣.

今人不知學問在於日用. 而妄意高遠難行. 故推與別人. 自安暴棄. 豈不可哀也哉.

余定居海山之陽. 有一二學徒. 相從問學. 余慙無以爲師. 而且恐初學不知向方. 且無堅固之

3. La rhétorique confucéenne recourt fréquemment à la métaphore de la culture au sens premier de travail de la terre. Le lecteur aura par la suite l'occasion de découvrir des exemples de ces recours au champ lexical de l'agriculture, et en particulier de l'arboriculture.

4. La connaissance est fortement associée aux cinq sens dans la pensée chinoise ancienne, et la vue joue un rôle tout particulier. Le degré et la qualité d'une conscience sont ainsi souvent décrits en termes de clarté, *ming/myŏng* 明. La méconnaissance, à savoir l'aveuglement, est quand à elle associée à l'idée d'obscurité.

5. Il s'agit là d'une des notions les plus délicates à traduire. Le *Li/I* 理 est conventionnellement rendu par le terme de « Principe », en français comme en anglais avec une majuscule. Cette notion, omniprésente dans le discours néo-confucéen, est en effet proche de l'idée de principe structurant du monde ou de rationalité sous-jacente et inhérente aux phénomènes du monde visible. L'étymologie du terme chinois désigne les veines du jade, que seul un bon orfèvre sait repérer, de manière intuitive, afin de tailler correctement cette pierre délicate et précieuse. Sur cette notion, on peut se reporter à l'article suivant d'Anne Cheng : « LI, ou la leçon des choses », Les Éditions de Minuit, *Philosophie* 44, 1994.

6. L'Étude confucéenne, le *xue/hak* 學, est fréquemment comparée à un cheminement. La Voie dont parlent les textes est d'ailleurs à prendre au sens figuré et propre de chemin, comme dans ce passage. Précisons toutefois que si le chemin est important et nécessite des éclaircissements, la marche ainsi que l'action de cheminer sont certainement les aspects les plus déterminants de cette étude péripatéticienne. En filant la métaphore, on rappellera également que la foulée et la cadence, et donc l'endurance, ont aussi leur importance dans une telle vision de l'étude, comme on le verra dans la suite du texte.

7. Le geste qui tombe toujours juste est l'idéal recherché dans le confucianisme. L'aisance et le naturel, ainsi que la précision et la justesse que suppose un tel geste sont exprimés dans le caractère *zhong/chung* 中. Ce

Il ne s'agit ni de poursuivre des chimères ni d'attendre des prouesses. Simplement, chez celui qui n'étudie pas, le cœur n'est qu'un terreau infertile[3] et l'entendement un aveuglement[4]. Il convient donc de rechercher par l'étude des textes la raison structurante du monde[5] afin de percevoir clairement la voie à suivre[6]. Les connaissances acquises seront dès lors assurées et toute action entreprise tombera juste[7].

Aujourd'hui, on ne comprend plus que l'étude réside dans le quotidien. La jugeant inconsidérément inaccessible et malaisée, on s'en décharge à bon compte sur autrui. N'est-ce pas désolant !

Lorsque je me suis installé sur le versant ensoleillé du Haesan[8], quelques aspirants à l'étude sont venus solliciter mon enseignement. Bien que fort embarrassé de n'avoir rien des qualités d'un maître, je craignais qu'ils ne sachent pas comment s'orienter en s'engageant dans l'étude. Il me semblait aussi que prodiguer çà et là des conseils à des personnes manquant

terme, communément traduit par « milieu », désigne à l'origine une flèche qui atteint et transperce la cible en plein cœur. L'idéal du perfectionnement de soi ou de la culture de soi réside précisément dans la pratique et l'exercice – au sens quasi sportif – de cette aptitude qui existe en tant que potentialité en tout homme. D'ailleurs, l'exercice du tir à l'arc a toujours fait partie des « Six arts » à cultiver pour l'homme de bien, et l'on remarquera que cette tradition a été conservée intacte encore aujourd'hui dans certains pays confucianisés de l'Asie Orientale, en particulier en Corée du Sud et à Taïwan. L'entraînement au geste juste s'entend donc au sens moral comme au sens physique. L'attitude juste, voilà le but recherché dans l'éducation primaire, qui est essentiellement une acquisition des rites, dans l'esprit comme dans la lettre. On peut trouver une bonne illustration de cette idée dans le *Fayan* 法言 de Yang Xiong 揚雄 (53-18 av. J.-C.) : « Parfaire se vie en arc, dresser sa pensée en flèche, élever le juste en cible, se poser et tirer, et le tir ne peut qu'être mil. » 修身以為弓, 矯思以為矢, 立義以為的, 奠而後發, 發必中矣. (*Fayan* 3.1 ; traduction Béatrice L'Haridon, *Maîtres mots*, Bibliothèque chinoise, Les Belles Lettres, Paris, 2010)

8. Yulgok évoque ici de manière poétique Sŏktam 石潭, à Haeju 海州 dans la province du Hwanghae 黃海 (au nord de la capitale), lieu d'origine de la famille de son épouse. Il s'y est temporairement retiré avec sa propre famille depuis le début de l'année 1577.

志. 而泛泛請益. 則彼此無補. 反貽人譏.

故略書一冊子. 粗敍立心飭躬奉親接物之方. 名曰擊蒙要訣. 欲使學徒觀此. 洗心立脚,當日下功. 而余亦久患因循. 欲以自警省焉.

丁丑季冬. 德水李珥書.

9. Le premier chapitre de l'ouvrage traite précisément de cette détermination à étudier.

10. Le titre aurait pu aussi être traduit par « Principes essentiels pour repousser l'ignorance juvénile ». Le terme d'« ignorance juvénile » (*meng/mong* 蒙), quatrième hexagramme du *Livre des Mutations*, désigne l'ignorance par manque d'éducation, l'immaturité ainsi que les tâtonnements propres à la jeunesse. Nous avons choisi de traduire ce titre par « Principes essentiels pour éduquer les jeunes gens » afin de souligner la visée foncièrement didactique ainsi que le contenu de ce manuel qui s'adresse à des jeunes gens au seuil de leur vie d'adultes, de chefs de famille, de fonctionnaires et de lettrés. Notons également que, comme le suggère le roi Chŏngjo dans sa préface, ce titre rappelle l'ouvrage de Zhang Zai, le *Zhengmeng* 正蒙 (voir n. 9 du Commentaire royal).

11. La paresse et le mécontentement de soi sont de véritables *leitmotive* chez Yulgok qui va bien souvent au-delà de la politesse et de la modestie communément mises en avant par un auteur confucéen.

encore de fermeté dans leur aspiration n'aurait été d'aucun secours[9] ; j'en aurais même été moqué.

C'est pourquoi j'ai sommairement exposé en un opuscule les règles en matière de disposition de l'esprit, de tenue personnelle, de comportement en famille, et de conduite en société. Je l'ai appelé « Principes essentiels pour éduquer les jeunes gens[10] ». Je souhaiterais qu'en le lisant, ceux qui aspirent à l'étude purifient leur cœur et affermissent leur posture afin de s'employer aussitôt à la tâche. Affligé moi-même depuis longtemps d'une nature paresseuse[11], je souhaiterais mettre à profit cette occasion pour rester toujours vigilant[12].

Douzième mois de l'année *chŏng ch'uk*[13], rédigé par Yi I de Tŏksu[14].

12. La vigilance de tous les instants, voire le sentiment d'insécurité et d'angoisse permanentes sont des traits notables de la pensée orthodoxe néo-confucéenne, comme l'a relevé Wm. Theodore de Bary dans nombre de ses travaux. Le rappel à l'ordre ainsi que l'autocritique sont au cœur de la pensée et de la pratique des néo-confucéens qui aimaient s'entourer de mots d'ordre et de déclarations d'intention sur les lieux mêmes de leur étude, comme on peut le constater en visitant les académies confucéennes. Yulgok fait d'ailleurs plusieurs fois allusion à ces pratiques dans cet ouvrage, et il est lui-même l'auteur de plusieurs « textes d'exhortation », adressés à lui-même (*Chagyŏngmun*自警文) ou encore à sa famille (*Tonggŏ kyesa* 同居戒辭).

13. 1577.

14. Yulgok fait référence à l'origine géographique (*pon'gwan* 本貫) de sa famille, les Yi de Tŏksu. Le premier ancêtre de la lignée est Yi Tonsu 李敦守 de l'époque Koryŏ. Cette famille a donné cent cinq lauréats au grand concours civil tout au long de la période Chosŏn, mais elle a également donné naissance à nombre de fonctionnnaires ayant passé des concours militaires, dont notamment le célèbre amiral Yi Sunsin 李舜臣 (1545-1598). Tŏksu se trouve dans la région de Kaesŏng, dans l'actuelle Corée du Nord.

立志章第一

1. 初學先須立志. 必以聖人自期. 不可有一毫自小退託之念. 蓋衆人與聖人. 其本性則一也.

1. Cette idée d'affermir son désir, ou encore sa volonté d'étudier (*lizhi/ipchi* 立志) est emblématique de la pensée de Yulgok qui comble un certain manque de la spéculation néo-confucéenne sur la question de la sainteté et de l'étude. Les prédécesseurs de Yulgok, tel que Cheng Yi 程頤 (1033-1107) dans sa fameuse dissertation sur la sainteté par exemple (« Ce que maître Yan aimait apprendre », *Yanzi suohao hexue lun* 顏子所好何學論), ont certes considéré que la sainteté – à savoir l'humanité parfaite – s'apprenait. Mais ils ont rarement abordé la question de l'envie d'apprendre, du désir initial d'étude ainsi que de la motivation perpétuelle qui doit permettre de vivre selon cet idéal néo-confucéen. Dans plusieurs de ses ouvrages, Yulgok traite en premier de cette idée, l'érigeant ainsi en principe fondateur de sa philosophie. Il reprend en cela la célèbre formule de Confucius dans les *Entretiens*, 2.4 : « Le Maître dit : “À quinze ans, je résolus d'apprendre. À trente ans, je m'affermis dans la Voie. À quarante ans, je n'éprouvais plus aucun doute. À cinquante ans, je connaissais les décrets du Ciel. À soixante ans, j'avais un discernement parfait. À soixante-dix ans, j'agissais en toute liberté, sans pour autant transgresser aucune règle.” » 子曰 : « 吾十有五而志于學, 三十而立, 四十而不惑, 五十而知天命, 六十而耳順, 七十而從心所欲, 不踰矩. »

2. Sous les Song du Sud, les néo-confucéens reprennent l'idée de Mencius selon laquelle « tout homme peut devenir un Yao et un Shun », et les frères Cheng énoncent nettement l'idée d'une dichotomie entre une Voie politique qui ne concerne que le souverain, et une Voie du

Chapitre I

De la détermination à étudier

1. S'engager dans l'étude implique en premier lieu d'affermir sa détermination à étudier[1]. Il faut pour cela prendre les hommes saints pour modèle[2] et bannir toute velléité d'abandon sous prétexte d'insuffisance. L'homme ordinaire et le saint ont à l'origine les mêmes dispositions naturelles[3].

perfectionnement de soi valable pour tout homme. Cette dichotomie existait certes avant l'époque des Song, notamment avec le développement de la figure de Confucius, considéré comme le Saint parmi les Saints, et comme un « souverain sans couronne » après les deux dynasties Han. Cependant, ce sont les néo-confucéens qui la mettent véritablement au premier plan de leur discours philosophique. Ils développent ainsi une problématique de la Sainteté, définie comme un projet à destination de chacun, et non plus du seul souverain. C'est plus particulièrement le cas chez Zhou Dunyi, Zhang Zai, les frères Cheng et Zhu Xi. Par ailleurs, dans l'un de ses articles, Anne Cheng montre que sous les Song, c'est l'exemple de Yan Hui, le disciple préféré de Confucius, qui sert de modèle à imiter. Nous passons donc de l'idéal quasi-inaccessible de Yao et Shun, ou de Confucius, à celui, plus proche de nous, de Yan Hui. Ce disciple, d'origine modeste, un peu gauche et effacé, devient le modèle pour tout un chacun, car dans une certaine mesure, il facilite le processus d'identification. Yan Hui est, selon Cheng Yi, non pas un Saint de naissance, mais plutôt un Saint en puissance ou un Saint en devenir. C'est un homme en plein cheminement dans la Voie, dans l'Étude au sens confucéen. Il constitue l'exemple-type à imiter, dans le sens où ce qui est à imiter, c'est son exigence infinie, son geste. Voir Anne Cheng, « La valeur de l'exemple. Le Saint confucéen : de l'exemplarité à l'exemple », *Extrême-Orient, Extrême-Occident* 19, 1997.

3. Il s'agit d'une allusion à la thèse de la « bonté » de la nature humaine. L'homme est foncièrement bon (*shan/sŏn* 善), dans le sens où il est perfectible ; il est pleine potentialité. À chacun d'exploiter et de cultiver ce potentiel originel.

雖氣質不能無淸濁粹駁之異. 而苟能眞知實踐. 去其舊染而復其性初. 則不增毫末. 而萬善具足矣. 衆人豈可不以聖人自期乎.

故孟子道性善. 而必稱堯舜以實之曰. 人皆可以爲堯舜. 豈欺我哉.

2. 當常自奮發曰. 人性本善. 無古今智愚之殊.

聖人何故獨爲聖人. 我則何故獨爲衆人耶. 良由志不立知不明行不篤耳. 志之立知之明行之篤. 皆在我耳. 豈可他求哉.

4. Il s'agit du *Qi/Ki* 氣. Chez les néo-confucéens, la différence et l'inégalité entre les hommes s'expliquent uniquement par ce lot différencié de souffle vital que chaque homme reçoit, comme au hasard, à la naissance. Le point commun entre les hommes relève, quant à lui, de la part immatérielle et normative de la nature humaine, à savoir celle qui relie l'homme à la raison naturelle universelle, ou encore au Principe *Li/I* 理. Cette distinction permet d'expliquer à la fois la perfectibilité foncière et commune à tous les hommes (ce qui s'appelle la « bonté de la nature humaine ») ainsi que leurs nécessaires disparités et différences. Les rapports entre la part de *Ki* et de *I*, ainsi que leurs multiples interactions possibles ont donné lieu à des débats infinis et extrêmement techniques, en Corée en particulier, au point de justifier l'usage du terme de scolastique, voire de byzantinisme à propos du néo-confucianisme.

5. *Cf. Entretiens*, 17.2 : « Le Maître dit : "Par leur nature, les hommes sont proches ; c'est par la pratique qu'ils divergent."» ; 子曰 : « 性相近也 ; 習相遠也. » Le terme *xi/sŭp* 習 qu'Anne Cheng a traduit par « pratique » est le même que celui que nous avons traduit par « habitude ».

Bien que des différences existent nécessairement entre les hommes en matière de souffle vital[4], qui peut être limpide ou trouble, pur ou mélangé, si l'on parvient à agir comme on pense et qu'on se débarrasse de ses habitudes acquises[5] pour redonner à nos dispositions originelles toute leur intégrité[6], nos innombrables vertus[7] suffiront pleinement sans qu'il y ait rien à y ajouter. Pourquoi refuser alors de prendre pour modèle la sainteté ?

Voilà pourquoi Maître Meng[8] a dû faire appel aux exemples de Yao et de Shun afin de donner chair à son idée que la nature humaine était bonne, et c'est ainsi qu'il a déclaré que les hommes étaient tous susceptibles de devenir des Yao et des Shun. Aurait-il donc voulu nous tromper ?

2. Il faut constamment s'exhorter de la sorte : la nature humaine est foncièrement perfectible, sans qu'il y ait à distinguer entre un autrefois et un aujourd'hui, entre l'intelligence et la bêtise.

Pourquoi seuls les saints sont-ils devenus des saints ? Pourquoi sommes-nous les seuls à rester médiocres ? Cela vient assurément de ce que notre détermination manque de fermeté, nos pensées de clairvoyance et nos actions de sérieux. La fermeté de notre détermination, la clarté de nos pensées ainsi que le sérieux de nos actions sont déjà toutes en nous. Pourquoi aller chercher ailleurs ?

6. Littéralement, il s'agit de « faire retour à sa nature », *fuxing/poksŏng* 復性. Cette idée de retrouver, à rebours, ses bonnes dispositions originelles a été particulièrement développée par Li Ao 李翺 (c. 772-836), ami et disciple de Han Yu 韓愈 (768-824), dans un essai resté célèbre, intitulé *Fuxing shu* 復性書 (« Livre du retour à notre nature propre »).

7. Littéralement, « les dix mille bonnes choses », *wanshan/mansŏn* 萬善.

8. Il s'agit de Mencius (forme latinisée de « Mengzi », Maître Meng).

顏淵曰. 舜何人也. 予何人也. 有爲者亦若是. 我亦當以顏之希舜爲法.

3. 人之容貌. 不可變醜爲姸. 膂力不可變弱爲强. 身體不可變短爲長. 此則已定之分. 不可改也.

惟有心志. 則可以變愚爲智. 變不肖爲賢. 此則心之虛靈. 不拘於稟受故也. 莫美於智. 莫貴於賢. 何苦而不爲賢智. 以虧損天所賦之本性乎.

人存此志. 堅固不退. 則庶幾乎道矣.

4. 凡人自謂立志. 而不卽用功. 遲回等待者. 名爲立志. 而實無向學之誠故也.

9. Il s'agit de Yan Hui, le disciple de Confucius.

10. Propos cité dans le *Mengzi*, III.A.1 : « Lorsque Wen, futur souverain de Teng, n'était que prince héritier, il passa par le royaume de Song pour se rendre à Chu et rencontra Maître Meng, qui lui parla de la bonté de la nature humaine en prenant l'exemple de Yao et de Shun. Sur le chemin du retour, le prince rendit à nouveau visite à Mencius qui lui demanda : "Prince, auriez-vous des doutes sur ce que je vous ai dit ? La Voie est pourtant la même pour tous ! Cheng Jian n'a-t-il pas déclaré au duc Jing de Qi : 'Ces grands hommes étaient des hommes, tout comme moi je le suis. Pourquoi craindre de ne pas les valoir ?' ; Yan Hui n'a-t-il pas dit : 'Quel genre d'homme Shun était-il ? Quel genre d'homme suis-je ? C'est par mes actions que je pourrais l'égaler.'" » 滕文公為世子, 將之楚, 過宋而見孟子. 孟子道性善, 言必稱堯舜. 世子自楚反, 復見孟子. 孟子曰 : « 世子疑吾言乎 ? 夫道一而已矣 ! » 成覵謂齊景公曰 : « 彼丈夫也, 我丈夫也, 吾何畏彼哉 ! » 顏淵曰 : « 舜何人也, 予何人也, 有為者亦若是 ! »

11. On perçoit ici l'insistance néo-confucéenne sur le rôle du cœur/esprit dans la culture de soi. C'est ainsi qu'on parle communément d'une véritable « école du cœur » (*xinxue/simhak* 心學) dans le néo-confucianisme orthodoxe, qui est habituellement la traduction en langue occidentale des termes suivants : *lixue/ihak* 理學 « école du Principe », *daoxue/tohak* 道學 « école du Dao », ou encore *xinglixue/sŏngnihak* 性理學 « école de la Nature et du Principe », etc.

Yan Yuan[9] a dit : « Quel genre d'homme Shun était-il ? Quel genre d'homme suis-je ? C'est par mes actions que je pourrais l'égaler[10]. » Nous devons assurément prendre pour modèle cette attitude de Yan, aspirant à devenir Shun.

3. Chez l'homme, il est impossible de transformer la laideur des traits en beauté, la faiblesse musculaire en force ou une petite ossature en une grande, car il s'agit là de caractéristiques physiques dévolues à chacun à la naissance et qui ne peuvent être modifiées.

Ce n'est que dans le cœur, l'esprit, que la sottise peut être transformée en intelligence et l'inexpérience devenir sagesse[11], car il y a une part subtile et mystérieuse du cœur qui agit indépendamment des particularités imparties à la naissance[12]. Rien de plus aimable que l'intelligence ! Rien de plus précieux que la sagesse ! Pourquoi diable ne laissons-nous pas agir cette intelligence et cette sagesse, et malmenons-nous ces dispositions naturelles conférées par le Ciel ?

L'homme qui sait préserver en son cœur une détermination inébranlable qui ne le fait jamais reculer aura fait un premier pas vers la Voie.

4. Il arrive que ceux qui se targuent d'être déterminés à étudier se contentent de différer leurs efforts en atermoiements : leur détermination se paie de mots et leurs actes ne dénotent aucune aspiration vraie à l'étude.

12. Allusion à la théorie du « cœur de l'homme » (*renxin/insim* 人心) et du « cœur du Dao » (*daoxin/tosim* 道心), les deux aspects inhérents du cœur/esprit. Le « cœur du Dao » désigne une nature morale qui permet à l'homme de comprendre ce qu'il doit faire mais qui lui permet aussi d'agir comme il convient, alors que le « cœur de l'homme » fait référence à la dimension psycho-physique de la nature humaine qui comprend notamment les désirs et les pulsions. Cette théorie a été développée et formalisée par Zhu Xi dans sa préface à *L'invariable Milieu*. Selon les propres dires de Zhu Xi, cette distinction, ainsi que la compréhension que le « cœur du Dao » doit toujours se rendre maître du « cœur de l'homme », constitueraient l'essence même de l'orthodoxie néo-confucéenne.

苟使吾志誠在於學. 則爲仁由己. 欲之則至. 何求於人. 何待於後哉.

所貴乎立志者. 卽下工夫. 猶恐不及. 念念不退故也.

如或志不誠篤. 因循度日. 則窮年沒世. 豈有所成就哉.

13. Voir *Entretiens*, 12.1 : « “Qu’est ce que le *ren* ?” Yan Hui pose la question au Maître, qui lui répond : “L’homme de *ren* est celui qui fait effort sur lui-même pour revenir au rituel ; quiconque s’en montrerait capable, ne serait-ce qu’une journée, verrait le peuple entier honorer son *ren*. N’est-ce pas de soi-même, et non des autres, qu’il faut attendre l’accomplissement ?” » 顏淵問 : « 仁 » 子曰 : « 克己復禮, 為仁. 一日克己復禮, 天下歸仁焉. 為仁由己, 而由人乎哉 ? »

14. Cette phrase fait écho à la célèbre sentence de Confucius, dans les *Entretiens*, 7.29 : « Le Maître dit : “Le *ren* est-il vraiment accessible ? Désire-le avec ferveur, et le voici en toi.” » 子曰 : « 仁遠乎哉 ? 我欲仁, 斯仁至矣. »

15. Voir *Entretiens*, 15.20 : « Le Maître dit : “L’homme de bien exige tout de lui-même, l’homme de peu attend tout des autres.” » 子曰 : « 君子求諸己 ; 小人求諸人. » ; et Cheng Yi, *Yanzi suohao hexue lun* 顏子所好何學論 : « Confucius connaissait dès la naissance, alors que Mencius n’a

Si l'on parvient à réellement désirer étudier, l'accomplissement viendra de lui-même[13]. Il suffit de le vouloir pour y parvenir[14]. Pourquoi s'en remettre à d'autres[15] ? Pourquoi repousser au lendemain ?

Ce qui fait toute la valeur d'une solide détermination, c'est qu'une fois qu'on se met au travail, on ne recule plus jamais, même lorsqu'on redoute de ne pas être à la hauteur.

À se laisser vivre au jour le jour sans désir sincère et sérieux d'étude[16], on ne pourra s'étonner de finir ses jours sans avoir rien accompli !

su qu'après avoir étudié, et ses successeurs n'y sont pas parvenus car ils pensaient que la sainteté était une connaissance innée et qu'elle ne pouvait pas s'apprendre. C'est ainsi que la Voie de l'étude fut par la suite perdue. On n'a alors plus rien exigé de soi-même, en attendant tout des autres. » 孔子則生而知也, 孟子則學而知也. 後人不達, 以謂聖本生知, 非學可至, 而為學之道遂失. 不求諸己而求諸外.

16. Dans ce passage, nous avons traduit le terme clé du chapitre, *zhi/chi* 志, tantôt par « solide détermination », tantôt par « désir d'étude ». Ce terme pourrait aussi se traduire, en fonction du contexte, par « aspiration », « appétence », « désir », « volonté » et bien d'autres termes encore. Mais il s'agit fondamentalement de la manière dont le cœur et l'esprit sont orientés et tendus vers quelque chose. Dans la citation des *Entretiens*, 2.4 (« Le Maître dit : "À quinze ans, je résolus d'apprendre." » 子曰 : « 吾十有五而志於學. »), le terme est d'ailleurs employé dans son acception verbale.

革舊習章第二

1. 人雖有志於學. 而不能勇往直前. 以有所成就者. 舊習有以沮敗之也. 舊習之目. 條列如左. 若非勵志痛絶. 則終無爲學之地矣.

2. 其一惰其心志. 放其儀形. 只思暇逸. 深厭拘束.

其二常思動作. 不能守靜. 紛紜出入. 打話度日.

其三喜同惡異. 汩於流俗. 稍欲修飭. 恐乖於衆.

Chapitre II

Se débarrasser de ses vieilles habitudes

1. Malgré un réel désir d'étudier, l'homme échoue parfois à aller courageusement de l'avant afin d'accomplir quelque chose, tant il est vaincu par la force de ses vieilles habitudes. Ces mauvaises habitudes se déclinent comme suit. À défaut d'une forte détermination pour les éradiquer, on finit par se retrouver dépourvu de tout champ d'action[1] où doit se porter l'étude.

2. La première consiste à relâcher son esprit et sa détermination en négligeant ses manières et son maintien, et à ne penser qu'à s'amuser et prendre du bon temps en ayant une profonde aversion pour toute forme de contrainte.

La deuxième consiste à rechercher constamment à s'agiter en ne sachant pas se tenir tranquille, et à virevolter çà et là en passant ses journées à deviser.

La troisième consiste à ne priser que ce qui est familier pour rejeter l'inhabituel, en se soumettant aux usages courants, et à laisser s'amenuiser tout désir d'amélioration par crainte de paraître extravagant aux yeux du commun.

1. Littéralement, « terre » à cultiver ou « terrain » où bâtir quelque chose : *di/chi* 地. Il s'agit vraisemblablement ici du « terreau » du cœur, de l'esprit (voir fin du chapitre), qui est le lieu où se concentre le processus de « culture », de transformation que constitue l'étude confucéenne.

其四好以文辭. 取譽於時. 剽竊經傳. 以飾浮藻.

其五工於筆札. 業於琴酒. 優游卒歲. 自謂淸致.

其六好聚閒人. 圍棋局戲. 飽食終日. 只資爭競.

其七歆羨富貴. 厭薄貧賤. 惡衣惡食. 深以爲恥.

其八嗜慾無節. 不能斷制. 貨利聲色. 其味如蔗.

習之害心者. 大概如斯. 其餘難以悉擧. 此習使人志不堅固. 行不篤實. 今日所爲. 明日難改. 朝悔其行. 暮已復然.

La quatrième consiste à se complaire à briguer les honneurs de son temps grâce à la composition littéraire, et à taillader dans les Classiques et leurs commentaires des oripeaux destinés à des effets de style superficiels[2].

La cinquième consiste à faire de l'art de l'écriture et de la correspondance son labeur, et de belle musique et vins fins son occupation, et à épuiser ainsi ses années dans une vie de jouissance insouciante en se prétendant d'un raffinement extrême.

La sixième consiste à prendre plaisir à réunir des oisifs pour des parties d'échecs ou de dames, et à passer des journées entières le ventre plein, avec le jeu pour unique souci.

La septième consiste à envier la richesse en ayant horreur de la pauvreté, et à considérer que mauvais vêtement et mauvaise pitance sont choses profondément honteuses[3].

La huitième consiste à souffrir d'appétits et de désirs immodérés au point d'être incapable de s'en départir et de les maîtriser, et à trouver aux richesses, aux profits, à la musique et aux femmes un goût de sucre.

Voici quelques exemples qui montrent combien nos habitudes, qu'il serait difficile d'énumérer en totalité, sont nocives pour l'esprit, le cœur. De telles habitudes font que les hommes manquent de détermination et de fermeté et agissent avec légèreté et inconsistance. Il est difficile de défaire demain ce qu'on fait aujourd'hui et on finit par refaire le soir ce qu'on a regretté le matin même.

2. Les néo-confucéens dénoncent l'utilitarisme de ceux qui n'étudient les textes classiques que pour passer les concours mandarinaux, où la composition littéraire a de tous temps joué un rôle important. Ils se méfient en outre de tout maniement du langage. Préoccupés par l'éthique plus que par l'esthétique, ils ne montrent aucune complaisance pour les jeux de langage et la recherche du style pour le style.

3. Ne pas craindre la pauvreté est un véritable *topos* de la rhétorique confucéenne, en particulier dans les *Entretiens* de Confucius.

必須大奮勇猛之志. 如將一刀. 快斷根株. 淨洗心地. 無毫髮餘脈. 而時時每加猛省之功. 使此心無一點舊染之汚然後. 可以論進學之工夫矣.

Il faut donc déployer une détermination farouche qui, telle une hache, est capable de couper dans un seul et même geste les racines et le tronc d'un arbre. Il faut ensuite laver à grande eau le terreau de notre cœur de manière à ce que n'y subsiste pas la moindre radicelle. Puis il faut à tout instant redoubler d'effort dans l'examen de soi afin que le cœur demeure exempt de tout résidu susceptible de le maculer. Ce n'est qu'après cela qu'on sera à même de traiter de l'art et de la manière de progresser en matière d'étude.

持身章第三

1. 學者. 必誠心向道不以世俗雜事亂其志. 然後爲學有基址.

故夫子曰. 主忠信. 朱子釋之曰. 人不忠信. 事皆無實. 爲惡則易. 爲善則難. 故必以是爲主焉. 必以忠信爲主. 而勇下工夫. 然後能有所成就.

1. *Cf. Entretiens*, 1.8 : « Le Maître dit : "Un homme de bien qui manque de gravité ne se fait pas respecter et ne peut avoir de connaissance certaine. L'homme de bien est avant tout loyal et fidèle à sa parole. Il n'a pour amis que ceux qui partagent ses exigences et n'a pas peur de corriger ses propres défauts." » 子曰 : « 君子不重則不威, 學則不固, 主忠信. 無友不如己者, 過則勿憚改. » Nous avons traduit différemment ce passage.

2. Il s'agit de Zhu Xi 朱熹 (nom personnel : Yuanhui 元晦, nom de plume : Huian 晦庵 ; 1130-1200), père de l'orthodoxie néo-confucéenne. Taxé d'hétérodoxie de son vivant, il n'est canonisé au Temple de Confucius qu'en 1241. Ayant perdu son père à treize ans, il reçoit l'enseignement de trois amis de son père, notamment Li Tong李侗 (1093-1163), qui lui font étudier les textes néo-confucéens des frères Cheng (Cheng Hao 程顥, 1032-1085 et Cheng Yi 程頤, 1033-1107) et de Sima Guang司馬光 (1019-1086). Après s'être intéressé au taoïsme et au bouddhisme *chan* dans ses jeunes années, il finit par se consacrer entièrement à l'étude du confucianisme qu'il se propose de restaurer et de purifier. Il dénonce les errances de ses contemporains, qui mêlent aux textes confucéens des idées bouddhistes

Chapitre III

Du comportement à tenir

1. L'homme d'étude doit poursuivre la Voie avec un cœur sincère vis-à-vis de lui-même, sans laisser les usages et l'agitation du monde ébranler sa détermination. Ce n'est qu'à cette condition qu'il disposera de fondations solides pour étudier.

Ainsi Confucius a dit : « L'homme de bien a pour principe la fidélité à lui-même et à sa parole[1] » ; propos explicité en ces termes par Maître Zhu[2] : « Sans fidélité à soi-même et à sa parole, aucune entreprise humaine ne portera de fruit. Mal agir sera dès lors facile, et bien agir difficile. Voilà pourquoi il faut en faire des principes directeurs[3]. » Ce n'est que si l'on a pour principes directeurs la fidélité à soi-même et à sa parole et que l'on se met courageusement au travail que des résultats pourront être obtenus.

et taoïstes. Il instaure également un culte de Confucius, sur le modèle du sacrifice aux ancêtres et, systématisant l'idée d'une « transmission de la Voie » (*Daotong/Tot'ong* 道通), il s'érige en descendant spirituel direct du Maître. Prônant une lecture personnelle et une réappropriation des textes par soi-même, il légitime les développements philosophiques proprement néo-confucéens et laisse une œuvre immense et foisonnante qui a nourri pendant plusieurs siècles la réflexion confucéenne dans toute l'Asie Orientale.

3. Il s'agit du commentaire personnel de Zhu Xi sur la sentence : « L'homme de bien est avant tout loyal et fidèle à sa parole. » *Cf.* Zhu Xi, *Lunyu jizhu* 論語集注 (« Compilation de commentaires sur les *Entretiens* »), *in Sishu zhangju jizhu*四書章句集註 (« Compilation et commentaires par paragraphes et sentences des Quatre Livres »).

黃勉齋所謂. 眞實心地. 刻苦工夫. 兩言盡之矣.

2. 常須夙興夜寐. 衣冠必正. 容色必肅. 拱手危坐. 行步安詳. 言語愼重.

一動一靜. 不可輕忽苟且放過.

3. 收斂身心. 莫切於九容. 進學益智. 莫切於九思.

所謂九容者. 足容重. 不輕擧也若趨于尊長之前則不可拘此

手容恭. 手無慢弛無事則當端拱不妄動

目容端. 定其眼睫視瞻當正不可流眄邪睇

口容止. 非言語飮食之時則口常不動

4. Huang Gan 黃幹 (1152-1221), disciple et gendre de Zhu Xi. Il participe largement à la diffusion de l'enseignement de Zhu Xi et du néo-confucianisme à l'époque Yuan. Il rédige un commentaire des Cinq Classiques (*Wujing jiangyi* 五經講義) et un essai sur les Quatre Livres (*Sishu jiwen* 四書記問). Il est également connu pour avoir rédigé quinze chapitres supplémentaires uniquement consacrés aux rites funéraires (*sangli* 喪禮) aux commentaires de Zhu Xi sur le *Cérémonial*, le *Yili jingzhuan tongjie* 義禮經傳通解.

5. Ces neuf attitudes et expressions du corps sont décrites dans le *Livre des Rites*, 13 : « L'attitude de l'homme de bien est détendue et calme, il est grave et réservé lorsqu'il voit une personne qu'il souhaite honorer. Son pas est lourd, ses mains expriment le respect, son regard est franc, sa bouche est fixe, ses bruits corporels sont discrets, sa tête est droite, sa respiration est fluide, son maintien exprime la force morale, sa mine rayonne de vivacité, il est immobile quand il est assis, il est doux et chaleureux lorsqu'il est inactif, au repos ou en conversation. » (Traduction Séraphin Couvreur, *Mémoires sur les bienséances et les cérémonies*, Les Humanités d'Extrême-Orient, Cathasia, série culturelle des Hautes Études de Tien-Tsin, Les Belles Lettres, Paris, 1950) 君子之容舒遲, 見所尊者齊遬. 足容重, 手容恭, 目容端, 口容止, 聲容靜, 頭容直, 氣容肅, 立容德, 色容莊, 坐如尸, 燕居告溫溫.

En parlant de « laisser la terre du cœur porter tous ses fruits » et de « travailler sur ses actions avec acharnement », Huang Mianzhai[4] a, en deux sentences, épuisé le sujet.

2. Il faut toujours se lever à l'aube et dormir à la tombée de la nuit. Vêtements et coiffe doivent être correctement portés. Visage et mine doivent exprimer la révérence. Garder les mains bien rassemblées pour s'asseoir. Marcher d'un pas calme et précis. S'exprimer avec circonspection et gravité.

Quelles que soient les circonstances, aucun écart dû à la négligence ou la légèreté n'est permis.

3. Pour concentrer sa personne et son esprit, rien n'est plus urgent que l'apprentissage des neuf expressions du corps[5]. Pour avancer en étude et accroître ses connaissances, rien n'est plus urgent que l'acquisition des neuf attitudes du cœur[6].

Les neuf expressions du corps se déclinent comme suit : le pas est lourd (ne pas montrer de légèreté ; ceci ne vaut pas si l'on marche devant des aînés).

Les mains expriment le respect (des mains sans le moindre signe de relâchement ; lorsqu'elles sont inoccupées, il faut les rassembler et ne pas les agiter sans raison).

Le regard est franc (garder ses prunelles détendues et regarder droit devant soi ; ne pas couler de regards méfiants ou en biais).

La bouche est fixe (éviter de mouvoir sa bouche sauf si l'on parle, boit ou mange).

6. *Cf. Entretiens*, 16.10 : « Confucius dit : "L'homme de bien a souci de neuf choses : il s'applique à bien voir ce qu'il regarde, à bien entendre ce qu'il écoute. Il a souci de respirer la bienveillance dans son expression, la déférence dans ses manières, l'honnêteté dans ses paroles, le sérieux dans son travail. Dans le doute, il demande conseil ; dans un accès de colère, il pense aux conséquences ; dans la perspective d'un profit, il garde le souci du Juste." » 孔子曰 : « 君子有九思 : 視思明, 聽思聰, 色思溫, 貌思恭, 言思忠, 事思敬, 疑思問, 忿思難, 見得思義. »

聲容靜. 當整攝形氣不可出噦咳等雜聲
頭容直. 當正頭直身不可傾回偏倚
氣容肅. 當調和鼻息不可使有聲氣
立容德. 中立不倚儼然有德之氣像
色容莊. 顏色整齊無怠慢之氣
所謂九思者. 視思明. 視無所蔽則明無不見
聽思聰. 聽無所壅則聰無不聞
色思溫. 容色和舒無忿厲之氣
貌思恭. 一身儀形無不端莊
言思忠. 一言之發無不忠信
事思敬. 一事之作無不敬愼
疑思問. 有疑于心必就先覺審問不知不措
忿思難. 有忿必懲以理自勝
見得思義. 臨財必明義利之辨合義然後取之

7. *Cf. Entretiens*, 16.10 : « Dans la perspective d'un profit, il garde le souci du Juste. » 見得思義. Voir note précédente.

Les bruits corporels sont discrets (il faut contrôler l'agglomération d'énergie vitale pour ne pas émettre de bruits quand on crache ou tousse par exemple).

La tête est droite (il faut maintenir la tête dans l'axe du corps sans la tourner sur le coté et sans l'incliner de biais).

La respiration est fluide (il faut harmoniser sa respiration de manière à ne pas émettre de ronflements).

Le maintien exprime la force morale (se tenir bien en équilibre sans relacher la tension comme si la force morale s'exhalait de nous).

La mine rayonne de vivacité (il faut avoir le teint net, sans la moindre trace d'indolence).

Les neuf attitudes du cœur : la vision est claire (rien ne vient obscurcir la vision qui doit être claire au point de tout voir).

L'ouïe fine (rien n'obstrue l'ouïe qui doit être fine au point de tout entendre).

La mine affable (l'expression du visage est apaisée, sans la moindre trace de mécontentement).

L'attitude polie (toute la personne incarne la bienséance, tout en elle est bien ordonné).

Les paroles dignes de foi (la moindre parole prononcée n'est que sincérité et loyauté).

Le comportement sérieux (la moindre action entreprise est empreinte de sérieux et de gravité).

Poser des questions en cas de doute (lorsqu'on éprouve des doutes, il faut immédiatement interroger ceux qui ont compris avant nous ; ne jamais laisser de points obscurs).

Combattre sa colère (il faut réprimer toute colère et se contenir à l'aide de la raison).

Dans la perspective d'un profit, garder le souci du juste[7] (lorsqu'on nous offre des richesses, il faut clairement distinguer ce qui est du domaine du convenable de ce qui relève du profit illégitime ; il ne faut jamais accepter ce qui n'est pas mérité).

常以九容九思,存於心而檢其身. 不可頃刻放捨. 且書諸座隅. 時時寓目.

4. 非禮勿視. 非禮勿聽. 非禮勿言. 非禮勿動四者. 修身之要也.

禮與非禮. 初學難辨. 必須窮理而明之.

但於已知處力行之. 則思過半矣.

5. 爲學在於日用行事之閒. 若於平居. 居處恭. 執事敬. 與人忠. 則是名爲學.

讀書者. 欲明此理而已.

8. Voir n. 12 de la préface.

9. *Cf. Entretiens*, 12.1 : « “Qu’est-ce que le *ren* ?” Yan Hui pose la question au Maître, qui lui répond : “L’homme de *ren* est celui qui fait effort sur lui-même pour revenir au rituel ; quiconque s’en montrerait capable, ne serait-ce qu’une journée, verrait le peuple entier honorer son *ren*. N’est-ce pas de soi-même, et non des autres, qu’il faut attendre l’accomplissement ?” Yan Hui : “Pourriez-vous m’indiquer la démarche à suivre ?” Le Maître : “Ce qui est contraire au rituel, ne le regarde pas, ne l’écoute pas ; ce qui contraire au rituel, n’en parle pas et, à plus forte raison, n’y commets pas tes actions.” Yan Hui : “Je ne suis guère intelligent, mais je ferai de mon mieux pour appliquer ce précepte.” » 顏淵問仁. 子曰: « 克己復禮, 為仁. 一日克

Il faut constamment garder à l'esprit ces neuf règles régissant le corps et l'esprit afin d'être maître de sa personne. Il ne faut à aucun moment les bafouer, et il faut même les écrire à côté de son lieu d'étude afin de les avoir continuellement sous les yeux[8].

4. « Ce qui est contraire au rituel, ne le regarde pas, ne l'écoute pas ; ce qui contraire au rituel, n'en parle pas et, à plus forte raison, n'y commets pas tes actions[9]. » Ces quatre interdictions constituent des impératifs en matière de perfectionnement de soi.

La distinction entre ce qui est conforme aux rites et ce qui ne l'est pas est difficile à faire lorsqu'on commence à étudier. Il faut en effet scruter la raison des choses pour la comprendre.

Toutefois, la mise en pratique volontaire de ce qui est déjà compris constitue la moitié du chemin vers la compréhension.

5. L'apprentissage de l'étude s'enracine dans nos comportements quotidiens. Régler tous les jours sa maisonnée selon le principe du respect mutuel, ses affaires avec sérieux et ses relations à autrui avec loyauté, voilà ce qui porte le nom d'étude[10].

On ne lit des livres que pour comprendre cette vérité, voilà tout.

己復禮, 天下歸仁焉. 為仁由己, 而由人乎哉? » 顏淵曰 : « 請問其目? » 子曰: « 非禮勿視, 非禮勿聽, 非禮勿言, 非禮勿動. » 顏淵曰: « 回雖不敏, 請事斯語矣! »

10. Référence à la sentence suivante des *Entretiens*, 1.7 : « Zixia dit : "Un homme qui, à la compagnie des femmes, préfère celle des sages, qui se dévoue tout entier à son père et à sa mère, qui met sa vie au service de son prince, qui avec ses amis tient toujours parole, je dis que cet homme-là, même s'il manque d''instruction', a vraiment 'étudié'." » 子夏曰 : « 賢賢易色 ; 事父母, 能竭其力 ; 事君, 能致其身 ; 與朋友交, 言而有信. 雖曰未學, 吾必謂之學矣. »

6. 衣服不可華侈. 禦寒而已. 飲食不可甘美. 救飢而已. 居處不可安泰. 不病而已.

惟是學問之功. 心術之正. 威儀之則. 則日勉勉而不可自足也.

7. 克己工夫. 最切於日用.

所謂己者. 吾心所好. 不合天理之謂也.

必須檢察吾心. 好色乎. 好利乎. 好名譽乎. 好仕宦乎. 好安逸乎. 好宴樂乎. 好珍玩乎. 凡百所好. 若不合理. 則一切痛斷. 不留苗脈.

然後吾心所好. 始在於義理. 而無己可克矣.

8. 多言多慮最害心術.

無事則當靜坐存心.

接人則當擇言簡重.

時然後言. 則言不得不簡. 言簡者近道.

9. 非先王之法服. 不敢服. 非先王之法言. 不

11. Voir n. 9, chap. 3.

12. L'« assise dans la quiétude » (*jingzuo/chŏngjwa* 靜坐) est une pratique empruntée par les néo-confucéens au bouddhisme. Sur le sujet, voir Jacques Gernet, « Techniques de recueillement, religion et philosophie », *L'intelligence de la Chine. Le social et le mental*, Bibliothèque des Histoires, NRF, Gallimard, Paris, 1994, p. 280-302.

6. Nos vêtements n'ont pas à être élégants, ils doivent tout juste être bons à nous protéger du froid. Notre alimentation n'a pas à ravir le palais, elle doit tout juste satisfaire la faim et la soif. Notre maison n'a pas à être confortable, elle doit tout juste nous éviter les maladies.

S'il faut chaque jour s'employer encore et encore sans jamais se contenter de peu, c'est pour que l'étude ait un résultat, que le travail de l'esprit soit correct et que nos comportements soient justes.

7. L'art de faire effort sur soi-même[11] s'acquiert tout d'abord dans la vie quotidienne.

Ce qu'on appelle le Moi, c'est ce que notre cœur nous porte à aimer en dépit de tout manque de conformité avec la raison naturelle.

Il faut donc examiner notre cœur, notre esprit, afin d'y déceler notre goût pour la fornication, le lucre, les honneurs, les titres, les plaisirs, les fêtes et les jeux, cette myriade de choses qui, si elles ne sont pas conformes à la raison, doivent être sapées à la racine.

Dès lors, notre cœur commencera à nous porter à aimer ce qui est juste sans même qu'il y ait de Moi à contrer.

8. Excès de paroles et abondance de ratiocinations sont les pires fléaux pour le travail de l'esprit.

Dans les moments de désœuvrement, il faut donc préserver son cœur, son esprit, en pratiquant la méditation assise[12].

Dans notre commerce avec autrui, il faut choisir nos mots en fonction de leur poids.

Si l'on s'exprime au moment opportun, nos paroles seront nécessairement circonspectes ; celui qui parle avec circonspection se rapproche de la Voie.

9. « Des vêtements contraires au modèle des premiers rois, il ne faut pas les porter. Des paroles contraires au modèle des

敢道. 非先王之德行. 不敢行. 此當終身服膺者也.

10. 爲學者. 一味向道. 不可爲外物所勝. 外物之不正者. 當一切不留於心.

鄉人會處. 若設博奕樗蒲等戲. 則當不寓目. 逡巡引退.

若遇倡妓作歌舞. 則必須避去. 如値鄉中大會. 或尊長强留不能避退. 則雖在座而整容淸心. 不可使奸聲亂色有干於我.

當宴飮酒. 不可沈醉. 浹洽而止可也.

凡飮食當適中. 不可快意. 有傷乎氣.

言笑當簡重. 不可喧譁以過其節.

動止當安詳. 不可粗率以失其儀.

11. 有事則以理應事. 讀書則以誠窮理.

13. Citation du début du chapitre 4 du *Livre de la piété filiale* (*Xiaojing* 孝經), consacré à la conduite que doivent tenir les hauts fonctionnaires.

premiers rois, il ne faut pas les proférer. Des actions contraires à la vertu des premiers rois, il ne faut pas les commettre[13]. » Voilà des principes à garder toute sa vie à l'esprit.

10. Celui qui veut étudier doit uniquement se préoccuper de rechercher la Voie sans qu'aucune stimulation extérieure ne vienne jamais triompher de lui. Il ne doit en effet jamais laisser stagner dans son cœur la moindre impression laissée par des stimulations qui seraient incorrectes.

Lors de réunions au village, s'il arrive que soient organisées des activités telles que des parties d'échecs ou des jeux de hasard, il faut détourner son regard et rebrousser chemin sans hésitation.

Face au spectacle de filles de joie en train de chanter et danser, il faut absolument fuir. En cas d'impossibilité de quitter les lieux, lors de grandes manifestations au village ou encore si l'on est instamment prié de rester par des aînés ou des supérieurs, il faut garder sa contenance et purifier son esprit en restant assis à sa place, afin que cette débauche de sons et de chair ne puisse pas causer de dommages sur notre intériorité.

Lors de banquets arrosés, il ne faut pas sombrer dans l'ivresse. Il convient de s'arrêter lorsqu'on est gris.

En ce qui concerne la nourriture, il faut toujours garder la juste mesure sans endommager nos souffles vitaux à la faveur d'un instant de plaisir.

Dans nos propos et nos rires, la concision et la retenue sont de mise. Il ne faut pas dépasser la mesure en haussant la voix ou en vociférant.

Dans tous nos faits et gestes, le calme et la précision sont de rigueur. Il ne faut pas perdre le sens des convenances en se montrant grossier ou désinvolte.

11. Lorsque se présente une affaire à régler, il faut agir avec raison et lorsqu'on étudie, c'est de tout cœur qu'il faut scruter cette raison des choses.

除二者外. 靜坐收斂此心. 使寂寂無紛起之念. 惺惺無昏昧之失可也.

所謂敬以直內者如此.

12. 當正身心. 表裏如一. 處幽如顯. 處獨如衆. 使此心如靑天白日. 人得而見之.

13. 常以行一不義. 殺一不辜. 而得天下. 不爲底意思. 存諸胷中.

14. 居敬以立其本. 窮理以明乎善. 力行以踐其實. 三者終身事業也.

14. Citation du *Livre des Mutations*, commentaire sur le deuxième hexagramme *kun/kon* 坤 : « Les *Mutations* disent : “Marche sur le givre ; la glace a atteint sa solidité suprême.” Ce qui signifie suivre (l’ordre naturel des choses). “Redresser” ce qui doit être droit. “Agir” de manière juste. L’homme de bien redresse son intériorité par le recueillement et agit sur son extériorité par le sens du juste. Lorsque le recueillement et le sens du juste sont bien établis, la vertu ne sera plus orpheline. “Si l’on redresse et agit, nul besoin d’effort acharné pour qu’il n’y ait jamais rien qui ne soit pas bénéfique” et l’on ne met plus en doute les réalisations (de l’homme de bien). » 易曰 : « 履霜, 堅冰至. » 蓋言順也. « 直 » 其正也. « 方 » 其義也. 君子敬以直內, 義以方外, 敬義立而德不孤. « 直方, 大不習, 無不利 », 則不疑其所行也.

Outre ces deux activités, il faut encore se concentrer en pratiquant la méditation assise afin que notre esprit, notre cœur, parvienne à être exempt de toute irruption de pensées désordonnées et reste vierge de toute erreur d'appréciation liée à l'obscurcissement de ses facultés.

Voilà ce que signifie « redresser son intériorité par le recueillement[14]. »

12. Il faut ordonner le corps et le cœur comme s'ils étaient l'endroit et l'envers d'un seul et même vêtement, agir de la même manière dans l'obscurité comme dans la lumière et rester le même dans la solitude comme dans la foule, de telle sorte que notre esprit puisse, tel un soleil éclatant dans un ciel pur, éclairer la vue des autres hommes.

13. Il faut constamment conserver au fond de soi la conviction qu'il ne faut jamais, « même pour un royaume aussi vaste que l'univers, commettre la moindre injustice ni mettre à mort le moindre innocent[15]. »

14. Demeurer dans une vigilance constante afin de consolider ses racines, scruter la raison des choses pour être éclairé sur ce qui est bon pour soi et aller fermement de l'avant pour permettre à ses actes de porter leurs fruits, voilà trois principes qui constituent un labeur valable pour toute une vie.

15. Citation du *Mengzi*, II.A.2 : « "Bo Yi et Yi Yin relèvent-ils de la même classe d'homme que Confucius?" (Mencius) répond : "Non. Depuis qu'il y a des hommes, il n'y a pas eu d'autre Confucius." "Dans ce cas, ces hommes ont-ils des points communs avec lui ?" "Oui. S'ils avaient eu à régner sur un territoire de cent *li*, ils se seraient tous les deux montrés capables d'attirer à leur cour les divers princes feudataires et ils auraient ainsi régné sur l'univers. Aucun des deux n'auraient, même pour un royaume aussi vaste que l'univers, commis la moindre injustice ni mis à mort le moindre innocent. Voilà ce qu'ils ont en commun avec Confucius." » « 伯夷伊尹於孔子,若是班乎 ? » 曰：« 否. 自有生民以來, 未有孔子也. » 曰：« 然則有同與 ? » 曰： « 有. 得百里之地而君之, 皆能以朝諸侯有天下. 行一不義, 殺一不辜, 而得天下, 皆不為也. 是則同. »

15. 思無邪. 毋不敬. 只此二句. 一生受用不盡. 當揭諸壁上. 須臾不可忘也.

16. 每日頻自點檢. 心不存乎. 學不進乎. 行不力乎. 有則改之. 無則加勉. 孜孜毋怠. 斃而後已.

16. *Cf. Entretiens*, 2.2 : « Le Maître dit : "Le Livre des Odes compte trois cents poèmes, mais l'essentiel se ramène à trois mots : sans jamais dévier." » 子曰 : « 詩三百, 一言以蔽之, 曰 : 思無邪. »

17. *Cf. Livre des Rites*, 1 : « Dans les Petites règles de bienséance il est dit : "Que toujours vos sentiments soient respectueux, votre maintien grave comme celui d'un homme qui réfléchit, vos paroles préméditées et pesées à loisir ; et vous rendrez vos sujets paisibles et contents." » (*cf.* Couvreur, *op.cit.*) 曲禮曰 : « 毋不敬, 儼若思, 安定辭安民哉. » Nous avons traduit « ne jamais manquer de gravité » ce qui est traduit par Séraphin Couvreur « Que toujours vos sentiments soient respectueux. » Dans le néo-confucianisme, la notion de *jing*/*kyŏng* 敬 (« gravité », « révérence », « recueillement », « esprit de sérieux » ou encore « respect ») relève de l'intériorité et désigne une attitude mentale de sérieux et d'attention, à la différence du terme de *gong*/*kong* 恭 (« révérence », « attitude respectueuse ») qui relève de l'extériorité et de la relation à autrui.

15. « Sans jamais dévier[16] » ; « Ne jamais manquer de gravité[17] ». Même si nous essayons d'appliquer ces deux maximes pendant toute notre vie, nous n'en épuiserons jamais le sens. Il faut donc les placarder sur nos murs pour ne jamais les oublier.

16. Examinez-vous chaque jour sans relâche point par point : N'ai-je en rien failli à préserver les qualités intrinsèques de mon cœur, de mon esprit ? N'ai-je en rien failli à progresser dans mon étude ? N'ai-je pas manqué de vigueur dans mes actions ?[18] Si tel le cas, il faudra corriger vos manquements, sinon il faudra redoubler d'effort et de zèle sans jamais paresser. Seule la mort y mettra fin[19].

18. Ce passage fait écho aux *Entretiens*, 1.4 : « Maître Zeng dit : "Tous les jours je m'examine sur trois points : dans les affaires que j'ai traitées pour autrui, ai-je bien fait tout mon possible ? Dans mes rapports avec mes amis, ai-je toujours été sincère ? Enfin, n'ai-je pas manqué de pratiquer les leçons du Maître ?" » 曾子曰 : « 吾日三省吾身. 為人謀而不忠乎 ? 與朋友交而不信乎 ? 傳不習乎 ? »

19. Cette phrase rappelle le passage suivant des *Entretiens*, 8.7 : « Maître Zeng dit : "Un gentilhomme doit avoir les épaules larges et l'âme résolue : lourd est le fardeau, et longue est la route. Ce qu'il charge sur ses épaules, c'est le *ren* ; n'est-ce point là un lourd fardeau ? Ses peines ne prendront fin qu'à la mort : la route n'est-elle pas longue ?" » 曾子曰 : « 士, 不可以不弘毅, 任重而道遠. 仁以為己任, 不亦重乎, 死而後已, 不亦遠乎. »

讀書章第四

1. 學者. 常存此心. 不被事物所勝. 而必須窮理明善. 然後當行之道. 曉然在前. 可以進步.

故入道莫先於窮理. 窮理莫先乎讀書. 以聖賢用心之迹. 及善惡之可效可戒者. 皆在於書故也.

2. 凡讀書者. 必端拱危坐. 敬對方冊. 專心致志. 精思涵泳. 涵泳者熟讀深思之謂 深解義趣. 而每句必求踐履之方.

若口讀而心不體身不行. 則書自書我自我. 何益之有.

Chapitre IV

De l'étude des textes

1. Un homme d'étude préserve en permanence les qualités intrinsèques de son cœur, de son esprit, afin que ce dernier ne soit en rien lésé lors de son contact avec le monde extérieur. Ce n'est qu'à condition de comprendre le principe de toute chose et de prendre conscience de ce qui est bénéfique que la voie à suivre s'illumine devant lui et qu'il peut y progresser.

Voilà pourquoi rien n'est plus urgent que de scruter le principe pour s'engager dans la Voie, et pour cela, rien n'est plus urgent que d'étudier des textes, car c'est là que se trouve le témoignage de l'usage dont les saints et les sages faisaient de leur cœur et de leur esprit. De la même façon, c'est grâce aux livres que l'on comprend comment il nous appartient de choisir de bien agir ou de mal agir.

2. Pour lire, il faut s'asseoir correctement en tenant ses mains avec respect, faire face au livre avec recueillement, concentrer son esprit en exerçant toute sa détermination, affiner sa capacité de réflexion en s'imprégnant totalement du texte (s'imprégner du texte signifie que ce qui est lu doit être convenablement mûri et que la réflexion doit partir des profondeurs de l'esprit), puis il faut serrer au plus près la signification des termes employés. Pour chaque sentence, il faut cheminer pas à pas dans les traces des anciens.

Si l'esprit ne s'approprie pas ce que la bouche récite et que le corps ne le traduit pas en actes, le livre demeure un livre et je reste moi-même : quel est l'intérêt ?

3. 先讀小學. 於事親敬兄忠君弟長隆師親友之道. 一一詳玩而力行之.

4. 次讀大學及或問. 於窮理正心修已治人之道. 一一眞知而實踐之.

5. 次讀論語. 於求仁爲己. 涵養本原之功. 一一精思而深體之.

6. 次讀孟子. 於明辨義利. 遏人慾存天理之說. 一一明察而擴充之.

1. Voir n. 13 du Commentaire royal.

2. La *Grande Étude* est l'un des textes fondamentaux de la tradition néo-confucéenne. Le texte, à l'origine un chapitre du *Livre des Rites*, existe dans trois versions. D'après la version remaniée, orthodoxe et largement dominante de Zhu Xi, le texte de la *Grande Étude* doit être divisé en une partie dite canonique et en dix paragraphes de commentaires. Bien que l'exégèse néo-confucéenne aime voir en Confucius et en quelques uns de ses disciples les auteurs de ce texte phare, il est généralement admis que ce dernier serait plutôt le fruit d'une élaboration collective et cumulative, et qu'il daterait d'une période allant du IIIe au Ier siècle av. J.-C. En dépit de sa probable date de rédaction, l'histoire du texte est largement tributaire du développement du néo-confucianisme à partir du XVIIe siècle, où il est exhumé de l'oubli par quelques lettrés-fonctionnaires en mal de réforme. Placé en tête des Quatre Livres (*Grande Étude*, *Entretiens*, *Mengzi* et *Invariable Milieu*), ce texte programmatique a été perçu comme une synthèse de l'idéal confucéen consistant à unir de manière consubstantielle l'éthique et la politique. Rappelons que les Quatre Livres (*sishu*/*sasŏ* 四書) constituent le corpus canonique du néo-confucianisme. Ce corpus, établi au XIIe siècle par Zhu Xi, est érigé en orthodoxie à partir de la dynastie des Yuan (1277-1367) et il est intégré au programme de recrutement des fonctionnaires jusqu'à l'aube du XXe siècle.

3. Commentaire de Zhu Xi sur la *Grande Étude* se présentant sous la forme de questions et de réponses.

4. *Entretiens* de Confucius.

3. Tout d'abord, il faut lire la *Petite Étude*[1] afin d'apprécier à sa juste valeur et mettre en pratique avec rigueur chaque point de la Voie qui consiste à se montrer serviable avec ses proches, respectueux de ses aînés, loyal envers le souverain, obéissant avec les plus âgés, déférents avec ses maîtres et proches de ses amis.

4. Puis il faut lire la *Grande Étude*[2] ainsi que les *Questions diverses sur la Grande Étude*[3] afin de comprendre véritablement et de réaliser dans nos actes chaque étape de la Voie qui consiste à scruter le principe, à faire agir correctement son cœur, à se perfectionner soi-même et à gouverner les hommes.

5. Puis il faut lire les *Entretiens*[4] afin de penser avec finesse et de s'incorporer au plus profond de soi-même chacun des aspects du travail qui consiste à aimer les hommes[5] et à cultiver ses propres qualités intrinsèques.

6. Puis il faut lire *Maître Meng*[6] afin d'analyser et de trouver des applications à la méthode qui consiste à distinguer ce qui est juste de ce qui ne l'est pas et à préserver notre part de raison naturelle pour combattre nos désirs.

5. Il s'agit ici de la notion clé de l'enseignement de Confucius, le *ren/in* 仁. Pour une explication de ce terme, le lecteur peut se reporter au passage consacré à cette notion dans l'introduction d'Anne Cheng à sa traduction des *Entretiens* (*cf. op.cit.*, p. 20-22).

6. Il s'agit des œuvres attribuées traditionnellement à Mencius (c. 372-289 av. J.-C.) et regroupées sous le nom de *Mengzi*, « Maître Meng ». Il est aujourd'hui admis que l'ouvrage serait plutôt le fruit d'un travail collectif de ses disciples. Bien que Mencius ne soit pas un disciple direct de Confucius, il est considéré comme son héritier le plus fidèle. Cette continuité se remarque notamment dans la ressemblance formelle du *Mengzi* et des *Entretiens* qui se présentent tous deux sous la forme de dialogues. Le *Mengzi* se singularise toutefois par l'homogénéité des thèmes abordés, ainsi que par un ton polémique qui reflète le contexte intellectuel de l'époque des Royaumes Combattants (475-221 av. J.-C.) marqué par les débats d'idées et les controverses philosophiques. L'ouvrage est généralement divisé en sept livres, eux-mêmes construits en deux parties.

7. 次讀中庸. 於性情之德. 推致之功位育之妙. 一一玩索而有得焉.

8. 次讀詩經. 於性情之邪正. 善惡之褒戒. 一一潛繹感發而懲創之.

9. 次讀禮經. 於天理之節文. 儀則之度數. 一一講究而有立焉.

10. 次讀書經. 於二帝三王. 治天下之大經大法. 一一領要而遡本焉.

7. *L'Invariable Milieu* est à l'origine un chapitre du *Livre des Rites*. Il fait partie du corpus orthodoxe du néo-confucianisme. Placé à la fin des Quatre Livres, *L'Invariable Milieu* est considéré comme le texte de synthèse de l'esprit confucéen originel revisité par les néo-confucéens, mais il est également perçu comme le plus difficile d'accès en raison de sa formulation concise et laconique. La tradition attribue généralement ce texte crucial à Zisi子思 (483-402 av. J.-C.), petit-fils de Confucius. Toutefois, il est plus vraisemblable que son auteur n'ait pas été unique. Les ressemblances de certains passages avec le *Xunzi* ainsi que des textes de l'époque des Han Antérieurs (206 av. J.-C.-8 ap. J.-C.) ont longtemps permis de dater sa rédaction de cette dynastie. Cependant, des études récentes tendent à prouver que le texte daterait plutôt de la période pré-impériale.

8. Le *Livre des Odes* ou *Livre des Poèmes* (*Shijing* 詩經), est l'un des Cinq Classiques du confucianisme. Probablement rédigé au VIe siècle av. J.-C., il s'agit d'une compilation de plus de trois cents pièces poétiques très diverses : chants populaires, chants d'amour, complaintes provenant de diverses régions, hymnes et éloges. La tradition a parfois attribué sa compilation à Confucius.

9. Le *Livre des Rites* (*Liji* 禮記), composé de quarante sept chapitres, est l'un des textes rituels canoniques de la tradition confucéenne. Ce recueil, qui consiste en un florilège de divers propos ou écrits qui traitent des rites de l'époque antique, aurait été rédigé à l'époque des Han Antérieurs. Il reflète les préoccupations ritualistes et politiques de cette époque, où l'État impérial chinois cherchait à fixer ses fondements idéologiques en établissant des correspondances entre cosmologie, éthique, rites et politique.

10. Le *Livre des Documents* (*Shujing* 書經) est l'un des Cinq Classiques. Sa date de rédaction est incertaine et donne lieu à des polémiques, certains

7. Puis il faut lire *L'Invariable Milieu*[7] pour se pénétrer inlassablement et retirer un enseignement de l'idée que notre nature est pleine de puissance, que les effets de sa réalisation pleine et entière sont bénéfiques et que l'œuvre d'éducation universelle qui en résulte est admirable.

8. Puis il faut lire le *Livre des Odes*[8] afin de bien interpréter un poème en fonction de la rectitude des sentiments exprimés ainsi que du jugement porté sur ce qui est bon et mauvais, afin de mettre de l'ordre dans les émotions qu'il aura suscitées en nous.

9. Puis il faut lire le *Livre des Rites*[9] pour débattre et trouver un moyen d'instituer des cérémonies rituelles calquées sur le principe céleste de même qu'un certain nombre de règles de comportement fidèles aux principes de bienséance et de civilité.

10. Puis il faut lire le *Livre des Documents*[10] pour comprendre et retrouver les principes originels de chacune des grandes règles et des grandes lois dont les Deux Empereurs et les Trois Rois[11] ont fait usage pour gouverner le monde.

chapitres ayant probablement été remaniés autour du IVe siècle av. J.-C.. La tradition a parfois attribué sa compilation à Confucius, comme on peut le voir dans le *Shiji*史記 (*Mémoires historiques*) de Sima Qian司馬遷 (145 av. J.-C.-86 av. J.-C.), mais cette thèse a été rejetée dès les Song. Il s'agit d'une compilation de textes politiques et administratifs (discours, conseils, décrets, etc.) qui couvrent un période allant des règnes des souverains mythiques Yao et Shun jusqu'à la fin des Zhou Occidentaux (c. 1121 av. J.-C.- 771 av. J.-C.).

11. Les « Deux Empereurs » sont Yao et Shun. Les « Trois Rois » désignent Yu le Grand (Da Yu 大禹, fondateur de la dynastie des Xia : 2207-1766 av. J.-C.), Cheng Tang 成湯 (ou Tian Yi 天乙, fondateur de la première dynastie dite « historique » chinoise, celle des Shang : 1765-1122 av. J.-C.), ainsi que les rois Wen 文 et Wu 武 (fondateurs de la dynastie des Zhou, encore appelée Ji Zhou 姬周 : 1121-256 av. J.-C.). Ces deux derniers sont regroupés comme un seul souverain en raison de leur lien de parenté : Wu est le fils et successeur de Wen.

11. 次讀易經. 於吉凶存亡. 進退消長之幾. 一一觀玩而窮研焉.

12. 次讀春秋. 於聖人賞善罰惡. 抑揚操縱之微辭奧義. 一一精研而契悟焉.

13. 五書五經. 循環熟讀. 理會不已. 使義理日明. 而宋之先正所著之書. 如近思錄. 家禮. 心經.

12. Le *Livre des Mutations* (*Yijing* 易經), aussi appelé *Zhouyi* 周易 (« Les Mutations des Zhou »), est l'un des Cinq Classiques. Ce traité de cosmologie et de divination est mieux connu en français sous le nom de Yi-king. Selon la célèbre thèse de Sima Qian, Confucius y aurait adjoint ses propres commentaires, appelés les « Dix Ailes » (*shiyi* 十翼).

13. Les *Printemps et Automnes* (*Chunqiu* 春秋), connus aussi sous le nom d'*Annales des Printemps et Automnes*, constituent l'un des Cinq Classiques confucéens. Il s'agit d'une chronique extrêmement succincte des principaux événements politiques, diplomatiques et militaires de l'état de Lu sur une période allant de 722 à 481 av. J.-C., classés dans l'ordre chronologique, par année de règne, par saison, par mois et parfois aussi par jour. La tradition a attribué sa compilation à Confucius. En raison de leur concision, voire de leur obscurité, ces annales restent inséparables de trois commentaires distincts : le *Zuo zhuan* 左傳 (« Commentaire de Zuo [Qiuming] 左丘明 »), le *Gongyang zhuan* 公羊傳 (« Commentaire de Gongyang ») et le *Guliang zhuan* 穀梁傳 (« Commentaire de Guliang »), tous rédigés avant l'ère chrétienne.

14. Il s'agit de Confucius, considéré comme Saint (*shengren/sŏngin* 聖人) à partir des Han.

15. Le *Jinsilu* 近思錄 est une anthologie de citations de divers penseurs néo-confucéens rédigée par Zhu Xi et Lü Zuqian 吕祖謙 (1137-1181). Il s'agit de la première compilation des idées néo-confucéennes. Le but de ses auteurs est de donner au lecteur les moyens d'étudier « ce qui est proche » (*jin/chin* 近) comme l'indique le titre, c'est-à-dire d'étudier les principes fondamentaux nécessaires à la vie quotidienne. Le *Jinsilu* est pensé comme une introduction aux Quatre Livres, qui servent eux-mêmes d'introduction aux Classiques proprement dits. Zhu Xi explique son intention en ces termes dans sa postface (*cf. Jinsilu houxu* 近思錄後序, « Postface aux Réflexions sur ce qui nous touche de près ») : « […] Dans le cas d'un jeune homme isolé dans la campagne profonde qui se destine à l'Étude, mais qui n'a

11. Puis il faut lire le *Livre des Mutations*[12] pour contempler et scruter chacun des moments où se détermine le faste ou le néfaste, la préservation ou la perte, le progrès ou le recul, la diminution ou l'accroissement.

12. Puis il faut lire les *Printemps et Automnes*[13] pour étudier en détails et reconnaître chaque passage où le Saint[14] a exprimé, en des termes obscurs et voilés, des jugements laudatifs ou critiques sur telle ou telle bonne ou mauvaise action, tel ou tel bon ou mauvais comportement.

13. Il faut faire mûrir en soi la lecture de ce cycle des Cinq Livres et des Cinq Classiques en cherchant à les comprendre sans relâche, afin que leur contenu s'éclaire jour après jour. Par ailleurs, il faut régulièrement étudier de manière attentive les ouvrages rédigés par nos devanciers orthodoxes de l'époque Song, tels que les *Réflexions sur ce qui nous touche de près*[15], les *Rites familiaux*[16], le *Classique du cœur*[17], les *Œuvres*

ni maître éclairé ni bon ami pour le guider, s'il acquiert cet ouvrage et y réfléchit intensément en son cœur, cela sera largement suffisant pour qu'il puisse trouver la porte et entrer dans l'Étude. Après cela, il pourra recourir aux œuvres complètes des Quatre hommes de bien […] » 窮鄉晚進有志於學, 而無明師良友以先後之者, 誠得此而玩心焉, 亦足以得其門而入矣. 如此然後求諸四君子之全書.

16. Les *Rites familiaux* de Zhu Xi, ou *Rites domestiques de Maître Zhu* (*Zhuzi jiali* 朱子家禮), sont un manuel d'apprentissage de tous les rites qui concernent la famille : cérémonie de prise de bonnet viril, mariage, règles de deuil, sacrifice aux ancêtres. Cet ouvrage est sans conteste l'œuvre la plus célèbre de Zhu Xi, à côté de ses commentaires des Quatre Livres, en raison de sa fortune tant en Chine que dans les pays confucianisés de l'Asie Orientale. Il joua en effet le rôle de texte d'autorité en matière de liturgie confucéenne en raison de sa forme synthétique et de son adaptabilité. La traduction de référence en langue occidentale est celle de Patricia Buckley Ebrey : *Chu Hsi's* Family Rituals. *A Twelfth-Century Chinese Manual for the Performance of Cappings, Weddings, Funerals, and Ancestral Rites*, Princeton University Press, Princeton, 1991.

17. Voir n. 18 du Commentaire royal.

二程全書. 朱子大全. 語類. 及他性理之說. 宜閒閒精讀. 使義理常常浸灌吾心. 無時閒斷. 而餘力亦讀史書. 通古今達事變. 以長識見.

若異端雜類不正之書. 則不可頃刻披閱也.

14. 凡讀書. 必熟讀一冊. 盡曉義趣. 貫通無疑. 然後乃改讀他書. 不可貪多務得. 忙迫涉獵也.

18. Il s'agit des œuvres complètes des frères Cheng Hao 程顥 (1032-1085) et Cheng Yi 程頤 (1033-1107).

19. Il s'agit des œuvres complètes de Zhu Xi.

20. Il s'agit d'une compilation de notes de cours et d'extraits de discussions entre Zhu Xi et ses disciples, classés en fonction des différents thèmes ou textes philosophiques abordés.

complètes des deux Cheng[18], la *Grande somme de maître Zhu*[19] ainsi que ses *Menus propos*[20] et bien d'autres textes encore, afin que les idées qui y sont contenues humectent et irriguent progressivement notre esprit sans interruption ni discontinuité. Avec le reste de nos forces, il faut encore lire les ouvrages historiques. Comprendre le passé et le présent dans leur globalité et saisir les phénomènes de transformation qui président aux événements permet d'agrandir sa perception des choses.

Quant aux ouvrages incorrects, qu'ils soient hétérodoxes ou futiles, il ne faut jamais ni les lire ni même les ouvrir.

14. Une bonne lecture implique de laisser mûrir en soi un seul ouvrage à la fois, de faire jaillir toute la lumière de sa signification et d'en identifier le fil conducteur général sans que subsiste le moindre doute, pour pouvoir ensuite passer à un autre livre. Il ne faut pas se montrer avide sur la quantité pour s'épuiser ensuite à atteindre la compréhension, ni parcourir à la hâte les ouvrages le cœur pressé et naviguer ainsi à gué de l'un à l'autre[21].

21. Voir *Jinsilu*, 11.14 : « Maître Yichuan (Cheng Yi) dit : "Expliquer les textes à la légère est assurément contraire à l'esprit des anciens ; cela conduit les hommes à la superficialité. Celui qui veut étudier doit accumuler les réflexions dans le fond de son cœur, en prenant le temps de le cultiver en profondeur afin d'obtenir quelque chose par lui-même. Aujourd'hui, on épuise l'explication d'un ouvrage en une seule journée ; il n'y a que de la superficialité à retirer d'un tel enseignement." » 伊川先生曰 : « 說書必非古意, 轉使人薄. 學者須是潛心積慮, 優遊涵養, 使之自得. 今一日說盡, 只是教得薄. »

事親章第五

1. 凡人莫不知親之當孝. 而孝者甚鮮. 由不深知父母之恩故也.

詩不云乎. 父兮生我. 母兮鞠我. 欲報之德. 昊天罔極. 人子之受生. 性命血肉. 皆親所遺.

喘息呼吸. 氣脈相通. 此身非我私物. 乃父母之遺氣也.

故曰哀哀父母. 生我劬勞. 父母之恩. 為如何哉.

1. Citation partielle du vers suivant du *Livre des Odes*, « Xiao ya » 小雅, *Gufeng zhi shi* 谷風之什, *Liao e* 蓼莪 : « Mon père m'a engendré, ma mère m'a porté dans son sein. Ils m'ont traité avec tendresse, nourri, élevé, préservé de tout mal, gardé avec sollicitude, entouré de soins continuels. Ma reconnaissance n'aurait jamais pu répondre parfaitement à leurs bienfaits, qui ont été sans limite, comme le vaste ciel. » (Traduction Séraphin Couvreur, *Cheu King*, Editions Kuangchi Press, 4e édition, 1966. Première édition : Ho kien Fou, Imprimerie de la Mission Catholique, 1896) 父兮生我, 母兮鞠我. 撫我畜我, 長我育我, 顧我復我, 出入腹我. 欲報之德. 昊天罔極 !

Chapitre V

De la manière de traiter ses parents

1. Même si nul n'ignore qu'il faut être filial envers ses parents, rares sont les personnes qui sont vraiment filiales. La raison est que nous n'avons pas profondément conscience de la reconnaissance due à nos pères et mères.

Le *Livre des Odes* ne dit-il pas : « Mon père m'a engendré, ma mère m'a porté dans son sein. Ma reconnaissance n'aurait jamais pu répondre parfaitement à leurs bienfaits, qui ont été sans limite, comme le vaste ciel[1] ? » La vie, le sang et la chair reçus par tout homme à la naissance sont tous des dons légués par les parents.

Lorsque nous inspirons et expirons, l'interaction du souffle vital et du pouls qui s'opère en nous n'est pas de notre fait. C'est l'activité du souffle vital légué par nos parents.

Voilà pourquoi il est dit : « Hélas ! Hélas ! Ô mon père ! Ô ma mère ! Vous m'avez élevé avec tant de peine et de fatigue[2] ! » La reconnaissance que nous devons à nos parents est inexprimable !

2. *Cf. Livre des Odes*, même poème : « L'armoise appelée *ngô* croît grande et large. Je ne suis plus cette belle armoise (qui donnait de grandes espérances) ; mais une armoise des plus viles, (parce que je n'ai pas rempli les devoirs de la piété filiale). Hélas ! hélas ! ô mon père ! ô ma mère ! vous m'avez élevé avec tant de peine et de fatigue ! » (*cf.* Couvreur, *Ibid.*) 蓼蓼者莪, 匪莪伊蒿, 哀哀父母, 生我劬劳.

豈敢自有其身. 以不盡孝於父母乎. 人能恒存此心. 則自有向親之誠矣.

2. 凡事父母者. 一事一行. 毋敢自專. 必稟命而後行.

若事之可爲者. 父母不許. 則必委曲陳達. 頷可而後行. 若終不許. 則亦不可直遂其情也.

3. 每日未明而起. 盥櫛衣帶. 就父母寢所. 下氣怡聲. 問燠寒安否.

昏則詣寢所. 定其褥席. 察其溫涼.

日閒侍奉. 常愉色婉容. 應對恭敬.

左右就養. 極盡其誠. 出入必拜辭拜謁.

3. Ce passage reprend l'idée célèbre énoncée au début du chapitre 1 du *Livre de la piété filiale* : « Tout notre corps, jusqu'au plus mince épiderme et aux cheveux, nous vient de nos parents ; se faire une conscience de le respecter et de le conserver, est le commencement de la Piété Filiale. » (Traduction de Pierre-Martial Cibot, *Le Livre de la piété filiale*, Seuil, Points Sagesse, 1998. Première édition, BNF, 1779) 身體髮膚, 受之父母, 不敢毀傷, 孝之始也.

Comment, dès lors, manquer à notre devoir de piété filiale en ayant l'outrecuidance de croire que notre corps nous appartient[3] ? Si l'homme se montre capable de conserver durablement un tel état d'esprit, il sera naturellement porté par un élan de sincérité envers ses parents.

2. De manière générale, dans le moindre de nos faits et gestes à l'égard de nos parents, il ne faut pas agir de notre propre chef. Il faut attendre leurs instructions pour agir.

Si nous souhaitons faire quelque chose que nos parents désapprouvent, il faut chercher à les convaincre de manière détournée, et ce n'est qu'une fois leur consentement obtenu que l'on doit agir. S'ils ne sont toujours pas d'accord en fin de compte, il ne faut pas s'obstiner à suivre nos désirs.

3. Levé chaque jour quand il fait encore nuit, après s'être lavé, peigné et habillé, il faut aussitôt se rendre dans la chambre de ses parents et leur demander, d'une voix douce et prévenante, s'ils n'ont pas chaud ou froid et s'ils se portent bien.

À la tombée de la nuit, il faut retourner dans leur chambre afin de vérifier que le lit est correctement fait et que la pièce est à bonne température[4].

Dans la journée, il faut toujours les servir avec une mine joyeuse et des manières affables, et il faut répondre à leurs désirs avec déférence et respect.

Lorsqu'on est auprès d'eux, il faut déployer toutes les marques de notre affection et lorsqu'on sort, il faut prendre congé en se prosternant devant eux[5].

4. Voir *Livre des Rites*, 1 : « Pour tous les fils de famille, la règle est de chauffer le lit de leurs parents en hiver, de le rafraîchir en été, de disposer la literie le soir, de saluer leurs parents le matin, et d'éviter les querelles avec leurs compagnons et leurs égaux. » (*Cf.* Couvreur, *op.cit.*) 凡為人子之禮, 冬溫而夏凊, 昏定而晨省, 在醜夷不爭.

5. Toutes ces règles sont décrites dans les *Rites familiaux*, 1 (« Principes généraux des rites », *tongli* 通禮).

4. 今人多是被養於父母. 不能以己力. 養其父母. 若此奄過日月. 則終無忠養之時也.

必須躬幹家事. 自備甘旨. 然後子職乃修.

若父母堅不聽從. 則雖不能幹家. 亦當周旋補助. 而盡力得甘旨之具. 以適親口可也. 若心心念念. 在於養親. 則珍味亦必可得矣.

每念王延隆冬盛寒. 體無全衣. 而親極滋味. 令人感歎流涕也.

6. *Cf. Livre de la piété filiale*, 10 : « Un fils qui a une vraie Piété Filiale s'applique sans relâche à servir ses parents ; il ne se départ jamais du plus profond respect jusque dans l'intérieur de son domestique ; il pourvoit à leur entretien jusqu'à leur procurer tout ce qui peut leur faire plaisir ; il est touché de leurs infirmités jusqu'à en avoir le cœur serré de tristesse ; il les conduit au tombeau avec des regrets qui vont jusqu'à une extrême désolation ; il leur fait le *Tsi* enfin avec un respect qui monte presque jusqu'à la vénération. Ces cinq choses renferment tous les devoirs de la Piété Filiale. » (*cf.* Cibot, *op.cit.*) 子曰 : « 孝子之事親也, 居則致其敬, 養則致其樂, 病則致其憂, 喪則致其哀, 祭則致其嚴, 五者備矣, 然後能事親. »

4. Aujourd'hui, beaucoup de gens se font entretenir par leurs parents en étant incapables de subvenir à leurs besoins. En laissant ainsi passer les jours et les mois, on finit par manquer toute occasion de prouver un jour sa reconnaissance.

Il faut donc nous-mêmes prendre en charge les affaires de leur maison et ce n'est qu'une fois que nous leur aurons procuré douceurs et bienfaits par nos propres soins que notre devoir filial sera rempli[6].

Si nos parents refusent obstinément de se laisser faire, quand bien même nous ne pourrions pas prendre directement en charge leur maison, il convient de les aider en prévenant chacun de leurs besoins et en déployant tous nos efforts pour leur procurer la bonne chère qui sied à leur palais. Si nous concentrons toutes nos pensées sur la manière de les contenter, trouver de bons plats sera chose aisée[7].

L'évocation de Wang Yan[8], qui a préparé de délicieux plats pour ses parents alors même qu'il n'avait lui-même que des hardes à porter au plus fort de l'hiver comme de l'été, me fait toujours verser des larmes d'admiration et d'émotion.

7. Offrir de bonnes choses à manger à ses parents est l'un des devoirs de la piété filiale. Toutefois, comme l'a maintes fois souligné Confucius, la piété filiale ne peut en aucun cas se borner à cela. Voir *Entretiens*, 2.7 : « À Ziyou, le Maître répond : “De nos jours, la piété filiale ne consiste plus qu'à nourrir ses parents. Or, on en fait bien autant pour ses chiens et ses chevaux. En l'absence de tout sentiment de respect, où est la difference?” » 子游問孝,子曰 : « 今之孝者, 是謂能養. 至於犬馬,皆能有養 ; 不敬, 何以別乎 ? » ; et *Entretiens*, 2.8 : « À Zixia, le Maître répond : “Le difficile, c'est d'être filial de toute son âme. Il ne suffit donc pas d'assumer les tâches de ses parents et de ses aînés, ou de leur laisser leur part de boire et de manger ; la piété filiale est bien plus que cela.” » 子夏問孝子曰 : « 色難. 有事, 弟子服其勞 ; 有酒食, 先生饌, 曾是以為孝乎 ? »

8. Homme du pays de Jin, célèbre pour sa piété filiale. Voir *Petite Étude*, 6.

5. 人家父子閒. 多是愛逾於敬. 必須痛洗舊習. 極其尊敬.

父母所坐臥處. 子不敢坐臥. 所接客處. 子不敢接私客. 上下馬處. 子不敢上下馬可也.

6. 父母之志. 若非害於義理. 則當先意承順. 毫忽不可違.

9. Une certaine distance doit prévaloir entre un père et ses enfants, comme le montre l'exemple de Confucius. Voir *Entretiens*, 16.13 : « Ziqin demande à Boyu : "Votre père ne vous a-t-il pas enseigné autre chose qu'à nous, disciples ?" Boyu : "Pas du tout. Un jour, il me demanda si j'avais étudié les Odes. Je lui répondis que non. Il me dit alors : 'Comment peut-il seulement parler, celui qui ne les a pas étudiées ?' Je me retirai et me mis à l'étude des Odes. Un autre jour, il me demanda si j'avais étudié les rites. Je répondis : 'Pas encore.' Il me dit : 'Qui ne les a pas étudiés ne saurait s'affirmer.' Je me retirai et me mis incontinent à l'étude des rites. Ces deux choses sont tout son enseignement." À sa sortie, Ziqin dit, tout content : "J'ai demandé une chose, et j'en ai appris trois. On m'a parlé des Odes, des rites, et de la juste distance que l'homme de bien doit maintenir avec son fils." » 陳亢問於伯魚曰 : « 子亦有異聞乎 ? » 對曰 : « 未也. 嘗獨立, 鯉趨而過庭. 曰 : 學詩乎 ? 對曰 : 未也. 不學詩, 無以言 ! 鯉退而學詩. 他日, 又獨立, 鯉趨而過庭. 曰 : 學禮乎 ? 對曰 : 未也. 不學禮, 無以立 ! 鯉退而學禮. 聞斯二者. 陳亢退而喜曰 : « 問一得三 : 聞詩, 聞禮. 又聞君子遠其子也. » En outre, on ne peut lier amitié avec ses parents, car nos liens avec eux sont essentiellement fondés sur des devoirs mutuels. Voir *Mengzi*, IV.B.30 : « Lorsque Zhangzi et son père en vinrent à se critiquer, chacun pensant exhorter l'autre à bien faire, ils finirent par ne plus s'entendre. Se critiquer ainsi pour s'exhorter à bien faire est la Voie de l'amitié. Mais agir

5. Dans une famille, il arrive souvent qu'entre un père et son fils l'amour prime sur le respect. Il faut absolument se défaire de pareilles habitudes et restaurer révérence et respect[9].

Là où les parents se sont assis ou couchés, les enfants ne doivent pas se permettre de s'asseoir ou de se coucher. Là où ils ont reçu des invités, les enfants ne doivent pas se permettre de recevoir leurs propres visites[10]. Là où ils montent et descendent de cheval, les enfants ne doivent pas se permettre de faire de même.[11]

6. Si ce que veulent nos parents ne porte pas atteinte au sens du juste, il faut l'accomplir avant même qu'ils en aient exprimé le désir et sans qu'ils aient la moindre chose à redire.

de même entre un père et son fils est un grand tort fait à la bienveillance qui doit régner entre eux. » 夫章子, 子父青善而不相遇也. 青善, 朋友之道也. 父子青善, 賊恩之大者.

10. Voir *Livre des Rites*, 1: « Un fils, du vivant de son père, ne s'installe pas à l'angle sud-ouest des appartements comme le maître de la maison. Il ne s'assied pas seul au milieu d'une natte, ne marche pas au milieu du chemin, ne se tient pas debout au milieu de l'entrée de la porte. » (*cf.* Couvreur, *op.cit.*) 為人子者, 居不主奧, 坐不中席, 行不中道, 立不中門.

11. L'un des buts de l'instauration et de l'usage des rites est de distinguer nettement la place de chacun au sein de la famille et de la société, au nom de l'harmonie générale et du bien commun. Cette distribution des rôles se fonde en outre sur un ordre naturel et prescriptif. Dans le *Jinsilu*, 6.6, la distinction des rôles respectifs d'un père et d'un fils est expliquée ainsi : « Au sein d'une famille, entre un père et son fils, ou encore entre l'ossature et la chair, dans la grande majorité des cas, les sentiments l'emportent sur le sens des rites et l'affection supplante le sens du juste. Seul un homme inflexible et ferme est capable de ne pas perdre de vue, en raison de sentiments privés, l'ordre correct et rationnel des choses. Voilà pourquoi l'idée principale de l'hexagramme *famille* est l'inflexibilité, qui est bénéfique pour tous. » 人之處家, 在骨肉父子之間, 大率以情勝禮, 以恩奪義. 惟剛立之人, 則能不以私愛失其正理. 故家人卦大要以剛爲善.

若其害理者. 則和氣怡色. 柔聲以諫. 反覆開陳. 必期於聽從.

7. 父母有疾. 心憂色沮. 捨置他事. 只以問醫劑藥爲務. 疾止復初.

8. 日用之間. 一毫之頃. 不忘父母. 然後乃名爲孝. 彼持身不謹. 出言無章. 嬉戲度日者. 皆是忘父母者也.

9. 日月如流. 事親不可久也. 故爲子者. 須盡誠竭力. 如恐不及可也.

古人詩曰. 古人一日養. 不以三公換. 所謂愛日者如此.

12. La piété filiale ne consiste pas à abonder toujours dans le sens de ses parents. De même qu'un ministre a un devoir de remontrance envers son souverain, un fils se doit également de conseiller ses parents. *Cf. Livre de la piété filiale*, 15 : « “Je le comprends maintenant”, répondit *Tcheng-tzeu*, “un fils bien né doit essentiellement aimer et chérir, respecter et honorer, contenter et rendre heureux, illustrer et immortaliser les parents ; mais j'ose demander encore, si un fils qui obéit aux volontés de son père remplit par-là tous les devoirs de la Piété Filiale ?” “Que me demandez-vous ? ” répondit Confucius. “L'Empereur avait anciennement sept sages pour censeurs, et quoiqu'il donnât dans de grands excès, il ne les poussait pas jusqu'à perdre l'Empire. Un prince avoit cinq sages pour le reprendre, et quoiqu'il donnât dans de grands excès, il ne les poussait pas jusqu'à perdre ses États. Un Grand de l'Empire avoit trois sages pour le reprendre, et quoiqu'il donnât dans de grands excès, il ne les poussait pas jusqu'à perdre sa maison. Un Lettré avait un ami pour le reprendre, et il n'en venait jamais jusqu'à déshonorer son nom. Un père avait son fils pour le reprendre, et il ne s'égarait jamais jusqu'à tomber dans le désordre. Dès qu'une chose est censée mauvaise, un fils ne peut pas plus se dispenser d'en reprendre son père qu'un sujet son Souverain : or, dès qu'un fils doit reprendre son père quand il fait mal, comment remplirait-il les devoirs de la Piété Filiale, en se bornant à obéir aux volontés de son père ?” » (*cf.* Cibot, *op.cit.*) 曾子曰 : « 若夫慈愛恭敬, 安親揚名, 則聞命矣. 敢問子從父之令, 可謂 孝乎. » 子曰 : « 是何言與 ? 是何言與 ? 昔者天子有爭臣七人,

Si en revanche leur souhait viole le bon sens, il faut les raisonner avec gentillesse, d'une mine affable et d'une voix aimable. En abordant la question sous tous ses aspects, il faut parvenir à les ranger à notre avis[12].

7. Lorsque nos parents sont malades, c'est le cœur affligé et la mine abattue qu'il faut, toutes affaires cessantes, s'enquérir d'un médecin pour préparer un remède. Ce n'est que lorsque le mal est guéri qu'on peut retourner à ses occupations[13].

8. On ne peut parler de piété filiale que si l'on ne néglige jamais ses parents, à aucun moment du quotidien. Tous ceux qui manquent de tenue dans leur personne, tiennent des propos relâchés et consacrent leur temps aux plaisirs négligent leurs parents[14].

9. Le temps s'écoule comme une rivière ; s'occuper de ses parents ne dure qu'un temps. C'est pourquoi notre devoir en tant qu'enfant est de leur consacrer toute notre énergie, d'un cœur honnête et sincère, dans la crainte que nos efforts ne soient pas à la hauteur.

Dans un poème des anciens, il est dit : « Les hommes d'autrefois n'auraient jamais échangé un seul jour passé à s'occuper de leurs parents contre trois vies passées à régner[15]. » C'est ainsi qu'il faut chérir le temps dont nous disposons.

雖無道, 不失其天下. 諸侯有爭臣五人, 雖無道, 不失其國. 大夫有爭臣三人, 雖無道, 不失其 家. 士有爭友, 則身雖不離於令名. 父有爭子, 則身不陷於不義. 故當不義, 則子不可以不爭於父. 臣不可以不爭於君. 故當不義, 則爭之, 從父之令, 又焉得為孝乎 ? »

13. *Cf. Livre de la piété filiale*, 10 (passage cité plus haut, n. 6, chap. 5).

14. La piété filiale ne se limite pas seulement à servir correctement ses parents ; elle est à la racine de la juste conduite recherchée par l'homme de bien et participe donc de la culture de soi pratiquée au quotidien et à tout moment de la vie.

15. Ce poème apparaît au chapitre 10 de l'anthologie poétique critique de Ge Lifang 葛立方 (?-1164) des Song du sud, le *Yunyu yangqiu* 韻語陽秋. Une occurence de ce poème se trouve également dans le recueil des œuvres de Wang Anshi王安石 (1021-1086), le *Wang Anshi ji* 王安石集.

喪制章第六

1. 喪制. 當一依朱文公家禮. 若有疑晦處. 則質問于先生長者識禮處. 必盡其禮可也.

2. 復時. 俗例必呼小字. 非禮也.
少者則猶可呼名. 長者則不可呼名. 隨生時所稱可也. 婦女尤不宜呼名

1. Les règles du deuil sont évoquées au chapitre 1 et elles sont plus amplement détaillées au chapitre 4 des *Rites familiaux*.

2 Zhu Xi.

3. L'une des caractéristiques des manuels de liturgie néo-confucéenne dont les *Rites familiaux* constituent l'exemple emblématique réside dans leur désir de s'adapter aux usages particuliers d'un lieu et d'une époque. Rédigés pour développer et inciter à pratiquer les rites « à la manière confucéenne », ces manuels cherchent moins à édicter des règles strictes à suivre à la lettre qu'à permettre à chacun, en fonction de sa situation et de ses moyens, de pratiquer les rites avec sincérité. La discussion, la réflexion et les échanges sur les pratiques à adopter participent pleinement de l'attitude rituelle elle-même. Le recours à l'expertise des anciens, ainsi que celle de ses pairs plus érudits est donc nécessaire. Ce procédé renforce en outre la cohésion des élites à l'échelle locale ainsi que la distinction des statuts sociaux.

4. Il s'agit du rite funéraire de « rappel de l'âme du défunt », *zhaohun/ch'ohon* 招魂, aussi appellé *fu/pok* 復. Dès qu'une personne décédait, il était d'usage de lui ôter son vêtement de dessus (robe officielle, robe de lettré ou veste pour les femmes) et de monter sur le toit de la maison pour appeler trois fois son nom en tenant le vêtement à bout de bras, face au nord. On exprimait ainsi le regret et la tristesse. Cette pratique est décrite dans les chapitres 12

Chapitre VI

Des règles du deuil

1. En ce qui concerne les règles du deuil, il faut se référer uniquement aux *Rites familiaux*[1] de Maître Zhu[2]. En cas de doute sur certains points obscurs, il convient d'interroger les aînés qui ont une certaine connaissance des rites afin de s'assurer de la justesse de nos pratiques[3].

2. Lorsqu'on rappelle l'âme du défunt[4], l'habitude fait qu'on le nomme par son prénom public, ce qui est contraire au rituel.

S'il s'agit d'une personne jeune, on peut l'appeler par son nom personnel, mais certainement pas lorsqu'il s'agit d'une personne plus âgée. Il faut, dans ce cas, l'appeler comme on le faisait de son vivant[5] (s'il s'agit d'une femme, il est encore plus inconvenant d'utiliser son nom personnel).

et 13 du *Cérémonial* (*Yili* 儀禮), l'un des trois livres de rites de l'Antiquité, ainsi que dans le *Livre des Rites*, 4 : « Le rappel de l'âme du défunt témoigne la plus grande affection ; le cœur se porte à supplier et à remercier les esprits tutélaires. On monte sur le toit, on regarde dans le lointain pour voir si l'âme revient du séjour des ténèbres ; on la cherche ainsi parmi les mânes des morts. On tourne le visage vers le nord qui correspond aux ténèbres ; on la cherche ainsi dans le séjour des ténèbres. » (*cf.* Couvreur, *op.cit.*) 復, 盡愛之道也, 有禱祠之心焉. 望反諸幽, 求諸鬼神之道也. 北面, 求諸幽之義也. Toutefois, comme le rappelle Patricia Buckley Ebrey, cette pratique ne semble pas avoir été très courante sous les Song, ni même sous les Ming en Chine. Voir Ebrey, *op.cit.*, note 4 p. 70. Yulgok quant à lui, semble suggérer que ce rite était couramment pratiqué en Corée à son époque.

5. Selon le chapitre 4 des *Rites familiaux*, les hommes comme les femmes décédés devaient être appelés comme de leur vivant lors de cette cérémonie.

3. 母喪父在. 則父爲喪主. 凡祝辭. 皆當用夫告妻之例也.

4. 父母初沒. 妻妾婦及女子皆被髮. 男子則被髮扱上衽徒跣. 小斂後. 男子則袒括髮. 婦人則髽.

6. Le chapitre 4 des *Rites familiaux* détaille avec précision la distribution des rôles de chacun en fonction de la personne décédée. Il est intéressant de noter que Yulgok n'évoque qu'un seul et unique cas particulier : celui du décès de la mère lors du vivant du père. La propre mère de Yulgok est décédée avant son père et il a dû affronter cette situation alors qu'il n'était encore qu'un adolescent. Selon sa biographie officielle, il aurait porté le deuil pendant trois ans. La durée du deuil, en particulier en ce qui concerne une mère, a été un sujet de vives controverses au début de Chosŏn. Sur ce sujet, voir Martina Deuchler, *The Confucian Transformation of Korea. A study of Society and Culture*, Harvard-Yenching Institute Monograph Series, Harvard University Press, Cambridge, 1992, en particulier le chapitre 4. Dans le *Cérémonial*, 11, il est précisé : « Un fils, du vivant de son père, porte le deuil durant un an à la mort de sa mère. Il est dit dans les Mémoires : "Pourquoi porte-t-il le deuil pendant un an seulement ? Il restreint la manifestation de sa douleur. Son père, à qui il doit le plus grand respect, étant encore en vie, il n'ose pas, pour satisfaire ses sentiments particuliers, étendre à sa mère (avoir pour sa mère) un respect égal. Mais le père doit attendre trois ans avant de prendre une autre femme, pour montrer qu'il partage les sentiments de son fils. " Le mari porte le deuil de sa femme pendant un an. Il est dit dans les Mémoires : " Pourquoi le mari porte-t-il le deuil de sa femme pendant un an ? C'est que la femme et le mari ne font qu'un." » (Traduction Séraphin Couvreur, *I-li Cérémonial*, Les Humanités d'Extrême-Orient, Cathasia, série culturelle des Hautes Études de Tien-Tsin, Les Belles lettres, Paris, 1951) 父在為母, 傳曰: « 何以期也? 屈也, 至尊在, 不敢伸其私尊也. 父必三年然後娶, 達子之志也. » 妻, 傳曰 : « 為妻何以期也, 妻至親也. »

7. Voir *Livre des Rites*, 4 : « Se dénuder la poitrine ou les bras, lier la chevelure avec des brins de chanvre et ne pas porter de bonnet, c'est un changement dans la tenue extérieure, de même qu'un violent accès de douleur est un changement au milieu de l'affliction. Se dépouiller de ses ornements, c'est rejeter tout ce qui sert à embellir la personne ; se dénuder la poitrine ou les bras, lier la chevelure avec des brins de chanvre et ne pas porter de bonnet, c'est se dépouiller de ses ornements au plus haut degré. Tantôt on se découvre la poitrine ou les bras, tantôt on porte plusieurs tuniques de dessus ; c'est que la douleur a différents degrés. » (*cf.* Couvreur, *op.cit.*) 辟踊, 哀之至也. 有筭, 為之節文也. 袒括髮, 變也. 慍, 哀之變也. 去飾, 去美也. 袒括髮, 去飾之甚也. 有所袒, 有所襲, 哀之節也.

8. Voir *Livre des Rites*, 15 : « (Une fille qui n'était pas mariée, à la mort de son père, et une femme mariée, à la mort de son mari), se servaient d'épingles de tête de bambou et les gardaient jusqu'à la fin des trois années du

3. Lorsque le deuil de la mère a lieu du vivant du père, c'est ce dernier qui devient le maître de cérémonie. Toutes les formules de prière et d'invocation doivent donc suivre l'ordre prescrit dans le cas d'un époux s'adressant à son épouse[6].

4. Dès que les parents viennent de décéder, les femmes de la maison doivent toutes détacher leurs cheveux. Quant aux hommes, ils doivent se détacher les cheveux, défaire leurs vêtements et se mettre pieds nus (après la toilette mortuaire, les hommes doivent rajuster leur chevelure avec un bandeau, le bras gauche découvert[7] et les femmes doivent faire un chignon[8] tenu par une mauvaise épingle[9]).

deuil. » (*cf.* Couvreur, *op.cit.*) 箭笄終喪三年 ; et *Cérémonial*, 11 : « Une fille mariée qui vit avec ses filles sous la dépendance de son mari, à la mort de son propre père ou de sa propre mère, enroule ses cheveux en forme de chignon, qu'elle fixe au moyen d'une mauvaise épingle qui a une tête. Les filles qui vivent avec elle font de même. Une femme mariée fait aussi de même à la mort du père ou de la mère de son mari. Le temps des pleurs continuels écoulé, la fille mariée et ses filles cassent la tête de leurs belles épingles de tête ordinaire, enveloppent leurs cheveux d'un linge, et les fixent au moyen de leurs belles épingles ordinaires dont la tête est cassée. Dans les Mémoires il est dit : "Épingle à tête : la mauvaise épingle a une tête. Elle est faite du même bois que les peignes. Une fille mariée, après la mort de son père ou de sa mère, casse la tête de son épingle, c'est-à-dire, la tête de la belle épingle qu'elle porte quand elle n'est pas en deuil. Cette épingle est d'ivoire. Après avoir dit qu'une fille mariée casse la tête de son épingle d'ivoire à la mort de son père et de sa mère, pourquoi n'ajoute-t-on pas qu'une femme mariée casse la tête de son épingle d'ivoire à la mort du père ou de la mère de son mari ? Une femme mariée, à la mort du père ou de la mère de son mari, porte la mauvaise épingle de bois jusqu'à la fin du deuil." » (*cf.* Couvreur, *op.cit.*) 女子子適人者, 為其父母, 婦為舅姑, 惡笄有首, 以髽卒哭, 子折笄首, 以笄布總. 傳曰 : « 笄有首者, 惡笄之有首也. 惡笄者, 櫛笄也. 折笄首者, 折吉笄之首也. 吉笄者, 象笄也. 何以言子折笄首而不言婦, 終之也. »

9. L'ordre des choses à faire juste après un décès n'est pas très clair ici. D'après les *Rites familiaux*, il faut se dénuder le bras gauche et défaire sa chevelure uniquement au terme d'un processus relativement complexe et long qui inclut notamment, dans l'ordre, le rappel de l'âme du défunt, les différentes étapes de la toilette mortuaire et l'introduction des amis et des hôtes dans la chambre où est installé le corps. La première chose à faire au moment du décès, pour les hommes comme pour les femmes, est de se frapper la poitrine. Voir Ebrey, *op.cit.*, p. 81.

若子爲他人後者及女子已嫁者. 皆不被髮徒跣. 男子則免冠

5. 尸在牀而未殯. 男女位于尸傍. 則其位南上. 以尸頭所在爲上也.

10. Un fils pouvait être officiellement adopté comme héritier et descendant direct par un autre membre de la famille, dans le cas où ce dernier serait sans descendance mâle. Voir *Cérémonial*, 11 : « Le chef de la famille mérite le plus grand respect. Il conserve la race. Il n'est pas permis de ne pas lui donner de successeur. C'est pourquoi, quand il n'a pas de fils, tous les parents se réunissent et lui choisissent pour successeur un rejeton d'une branche de la famille. Un rejeton de la souche première de la famille ne peut pas être ce successeur. » (*cf.* Couvreur, *op.cit.*) 大宗者, 尊之統也. 大宗也, 收族者也. 不可以絕, 故族人以支子. 後大宗也, 適子不得後大宗. De plus : « Celui qui est le successeur d'un homme (qui n'a pas de fils) porte le deuil durant trois ans après la mort de ce père adoptif. Il est dit dans les Mémoires : "Pourquoi garde-t-il le deuil durant trois ans ? Parce qu'il a reçu de son père adoptif la charge importante de garder le temple des ancêtres, il doit après sa mort observer le grand deuil. Que faut-il pour pouvoir devenir le successeur d'un homme qui n'a pas de fils ? Un parent qui est d'une branche de famille issue d'un fils cadet de la femme principale peut être le successeur d'un homme qui n'a pas de fils. (À défaut de ce parent), un autre parent qui est d'une branche de famille issue d'un fils d'une femme de second rang peut être le successeur. Le successeur, à l'égard de l'aïeul, du père, de la mère, de l'épouse, des parents de l'épouse, des frères et des neveux du parent à qui il succède, doit agir, et à leur mort, doit porter le deuil, comme s'il était le fils de ce parent." » (*cf.* Couvreur, *op.cit.*) 為人後者, 傳曰: « 何以三年也 ? 受重者, 以尊服服之. 何如而可為之後 ? 同宗, 則可為之後. 何如而可以為人後 ? 支子可也. 為所後者之祖父, 母妻, 妻之父母, 昆弟，昆弟之子若. »

11. Voir *Cérémonial*, 11 : « Une fille mariée, qui est sous la dépendance d'un homme, son mari, ainsi que ses enfants, porte le deuil une seule année, ainsi que ses enfants, à la mort de son père, de sa mère, et de celui de ses frères qui est le successeur de son père. Dans les Mémoires il est dit : "Pourquoi cette femme porte-t-elle le deuil une seule année à la mort de son propre père ? Une femme mariée ne porte pas deux fois la robe et le plastron sans ourlet du deuil de trois ans. Comment cela ? Une femme vit successivement sous la dépendance de trois hommes. Elle ne peut pas suivre sa propre volonté. Avant le mariage, elle dépend de son père. Mariée, elle dépend de son mari. Après la mort de son mari, elle dépend de son fils. Le père est pour sa fille comme le ciel. Le mari est pour sa femme comme le ciel. Une femme ne porte pas deux fois le plastron et la robe sans ourlet du deuil

Un fils adopté par quelqu'un d'autre[10] ou une fille déjà mariée[11] ne doivent ni défaire leurs cheveux ni se dénuder les pieds (les hommes doivent ôter leur bonnet viril[12]).

5. Lorsque le corps du défunt se trouve dans la chambre avant la mise en bière[13], les hommes comme les femmes doivent tous s'aligner au sud du corps en ordre décroissant d'importance rituelle[14], car la tête du défunt est toujours placée au sud.

de trois ans ; c'est comme si l'on disait que le soleil n'a pas deux cieux. Une femme mariée ne peut pas avoir un égal respect pour deux hommes. (Elle doit montrer plus de respect et garder le deuil plus longtemps pour son mari que pour son propre père). Pourquoi une femme mariée porte-t-elle aussi le deuil durant un an à la mort de celui de ses frères qui est le successeur de son père ? Bien qu'une femme mariée ait quitté la maison paternelle, elle reste toujours la descendante des aïeux de sa famille et des aïeux de la branche de famille. C'est pourquoi elle porte le deuil durant un an." » (*cf.* Couvreur, *op.cit.*, p. 192) 女子子適人者, 為其父母昆弟之為父後者. 傳曰: « 為父何以期也 ? 婦人不貳斬也, 婦人不貳斬者何也 ? 婦人有三從之義. 無專用之道. 故未嫁從父. 既嫁從夫. 夫死從子. 故父者, 子之天也. 夫者, 妻之天也. 婦人不貳斬者, 猶曰不貳天也. 婦人不能貳尊也. 為昆弟之為父後者, 何以亦期也 ? 婦人雖在外, 必有歸宗, 曰小宗. 故服期也. »

12. Le bonnet viril est le symbole de l'appartenance à la lignée et marque notamment le lien avec les ancêtres.

13. Idéalement, cette cérémonie devait avoir lieu au sein du temple ancestral, physiquement et symboliquement divisé en deux parties. La « partie intérieure » désigne l'intérieur d'une chapelle close, ouverte par les « portes médianes » ou, à défaut, une plateforme surélevée sur laquelle on accède par deux volées d'escaliers distincts (en fonction du sexe et de l'importance rituelle des personnes présentes). Quant à la « partie extérieure », elle correspond habituellement à une petite cour dans laquelle donne la chapelle elle-même et qui est enceinte de murs et ouverte par les « grandes portes ». Si le lieu est trop exigu, la cérémonie pouvait toutefois avoir lieu dans la plus grande pièce de la maison. Les traités rituels précisent toutefois qu'en cas d'impossibilité de bâtir un temple ancestral, il est permis d'utiliser une pièce de la demeure en guise de temple. La séparation entre la « partie intérieure » et la « partie extérieure » pouvait alors être signalée par un marquage au sol.

14. Le maître de cérémonies est en général le fils aîné de la branche principale de la famille. Il est la personne qui a l'importance rituelle la plus importante. Chaque membre de la famille doit se placer en fonction de sa position rituelle par rapport au défunt, par ordre décroissant.

既殯之後. 女子則依前位于堂上南上. 男子則位于階下. 其位當北上. 以殯所在爲上也.

發引時. 男女之位復南上. 以靈柩所在爲上也.

隨時變位. 而各有禮意.

6. 今人多不解禮. 每弔客致慰. 專不起動. 只俯伏而已. 此非禮也.

弔客拜靈座而出. 則喪者當出自喪次. 向弔客再拜而哭可也. 弔客當答拜

7. 衰絰非疾病服役. 則不可脫也.

8. 家禮父母之喪. 成服之日. 始食粥. 卒哭之日. 始疏食糲飯也水飲. 不食羹也不食菜果.

15. Littéralement, « en bas des marches ». Les hommes accompagnent la bière dans la « partie extérieure » du temple ancestral. Voir n. 13, chap. 6.

16. Tous ces changements de positionnement sont décrits dans le détail dans le *Cérémonial*, aux chapitres 12 et 13.

17. Au XVIe siècle, il peut s'agir de service militaire ou de corvée pour travaux publics. Les fonctionnaires en poste et les étudiants en étaient toutefois généralement dispensés.

Après la cérémonie de mise en bière, les femmes restent dans la chambre, la personne la plus importante étant toujours placée au sud. Les hommes quant à eux se trouvent dans la cour[15], alignés au nord en ordre décroissant, car la bière se trouve dans cette direction.

Lors du cortège funèbre, les hommes et les femmes défilent à nouveau en plaçant la personne la plus importante au sud, car le cercueil se trouve à l'avant.

Il existe une signification rituelle à chacun de ces changements de position en fonction des circonstances[16].

6. Nombreux sont ceux qui, aujourd'hui, ne comprennent pas les rites. Alors que des visiteurs viennent présenter leurs condoléances, ils ne se lèvent même pas et se contentent de rester prostrés à terre, ce qui est contraire aux rites.

Une fois que le visiteur s'est prosterné devant le cerceuil et qu'il sort de la chambre mortuaire, celui qui est en deuil doit sortir à son tour afin de faire deux salutations à son hôte avant de pousser des lamentations (le visiteur doit alors rendre la prosternation).

7. Il ne faut jamais ôter ses vêtements et rubans de deuil, à moins d'être souffrant ou d'être de corvée[17].

8. Selon les *Rites familiaux*, à la mort de nos parents, il faut commencer à manger du gruau de riz à partir du jour où l'on porte leur deuil[18]. Puis, quand commencent les jours de lamentations, il faut se nourrir de manière fruste (manger du riz non décortiqué) et ne boire que de l'eau (la soupe est interdite) sans manger de fruits et légumes.

18. Il s'agit du matin du quatrième jour après le décès. Les vêtements de deuil varient en fonction du degré de proximité avec le défunt, ainsi que de la durée rituelle du deuil à porter, qui peut aller de quelques mois à trois ans. Les durées de deuil sont expliquées en détails dans le *Livre des Rites* et le *Cérémonial.*

小祥之後. 始食菜果. 羹亦可食

禮文如此. 非有疾病. 則當從禮文.

人或有過禮而啜粥三年者. 若是誠孝出人. 無一毫勉强之意. 則雖過禮猶或可也.

若誠孝未至. 而勉强踰禮. 則是自欺而欺親也. 切宜戒之.

9. 今之識禮之家. 多於葬後返魂. 此固正禮.

但時人效顰. 遂廢廬墓之俗. 返魂之後. 各還

19. Le deuil de trois ans est dû au fait que ce n'est qu'au terme d'un peu plus de deux années que le défunt accède au statut rituel d'ancêtre et cesse d'être un simple mort. Les sacrifices à faire diffèrent selon qu'il s'agit d'un mort ou d'un ancêtre, et ils vont en se simplifiant.

20. Cette remarque est particulièrement intéressante au regard de la biographie officielle de Yulgok. On y trouve en effet plusieurs mentions de sa grande piété filiale à l'égard de sa mère, de sa grand-mère maternelle et de son père. On trouve par ailleurs une allusion directe à son comportement filial, parfois excessif, dans les *Annales de Chosŏn* : « […] Yi I est doté d'une nature pure et consciencieuse ; il se distingue des autres hommes par son intelligence. À l'âge d'à peine sept ans, il n'y avait pas de livres qu'il n'ait pas lus, et il était si doué pour la composition littéraire que les gens voyaient en lui un enfant prodige. Une fois qu'il eut atteint l'âge adulte, il flâna ici et là à travers les montagnes et les rivières en chantant et déclamant des poèmes de sa composition qui faisaient montre d'une vision et d'une résolution ayant une longue portée. Lorsque son père fut décédé, il se mit à dépérir de chagrin, d'une manière dépassant presque les convenances. Il se contraignit à ne manger que du gruau de riz pendant trois ans, et il prépara lui-même les plats d'offrande rituelle en l'honneur de son défunt père. » 性稟純謹, 聰明絕人. 纔七歲, 無書不讀, 文章富贍, 人目以神童. 及長遨遊山水, 嘯詠自得, 有遠擧之志. 父沒之後, 哀毀過節, 歠粥三年, 躬備祭饌. *Cf. Chosŏn wangjo sillok* 朝鮮王朝實錄, 20e année du règne de Myŏngjong (1565), 11e mois, jour *sinhae*. Dans la même veine, selon sa biographie, Yulgok qui n'était encore qu'un enfant en 1546 se serait saigné le bras pour donner son sang à boire à son père alors alité par la maladie.

Après la cérémonie d'offrandes au défunt, on peut recommencer à manger des fruits et des légumes (la soupe est alors permise).

Voilà les règles à suivre en matière de rituels. À moins d'être malade, il faut s'y conformer à la lettre.

Il arrive parfois que des gens excèdent le rituel en allant jusqu'à s'astreindre à ne manger que du gruau de riz pendant trois ans[19]. S'il n'y a pas la moindre forme de contrainte exercée dans une telle démonstration de sincérité et de piété, une telle attitude est acceptable même si elle outrepasse les règles rituelles[20].

En revanche, se contraindre à pratiquer les rites de manière excessive sans piété sincère revient à se tromper soi-même et à tromper ses parents. Il faut bien se garder de cela.

9. Aujourd'hui, la plupart des familles qui connaissent bien les rites rapportent au foyer les tablettes du défunt une fois la cérémonie funèbre terminée[21], ce qui est tout à fait correct en matière rituelle.

Cependant les gens du commun les imitent sans subtilité et l'habitude de construire des cabanes auprès des sépultures se perd[22]. Après avoir procédé au retour des tablettes, chacun rentre chez soi et on fait même chambre commune avec ses épouses.

21. Il s'agit du rituel dit de « retour des mânes », *fanhun/panhon* 返魂.

22. Il s'agissait de vivre dans une cabane construite près de la tombe du défunt pendant toute la durée du deuil, à savoir trois ans. Cette pratique ne concernait que les hommes et, dans ce cas, les tablettes du défunt n'étaient pas rapportées au foyer. En Chine, cette pratique semble avoir été popularisée par l'exemple de Zigong à la mort de Confucius, puis elle a commencé à être en vogue à partir des époques Han et Tang. Voir *Mengzi*, III.A.4 : « Jadis lorsque Confucius mourut, après trois années passées dans le deuil, ses disciples préparaient leurs affaires pour rentrer chez eux. Lorsqu'ils vinrent prendre congé de Zigong, ils se regardèrent tous et se mirent à pleurer au point d'en perdre la voix. Après leur départ, Zigong revint sur ses pas, construisit une cabane près de la tombe et y vécut trois années supplémentaires dans la solitude, avant de rentrer chez lui. » 昔者孔子沒, 三年之外, 門人治任將歸 : 入揖於子貢, 相嚮而哭, 皆失聲, 然後歸. 子貢反, 築室於場 ; 獨居三年, 然後歸.

其家. 與妻子同處. 禮坊大壞. 甚可寒心.

凡喪親者. 自度一一從禮. 無毫分虧欠. 則當依禮返魂. 如或未然. 則當依舊俗廬墓可也.

10. 親喪成服之前. 哭泣不絕於口. 氣盡則令婢僕代哭

葬前哭無定時. 哀至則哭. 卒哭後則朝夕哭二時而已. 禮文大概如此. 若孝子情至. 則哭泣豈有定數哉.

凡喪與其哀不足而禮有餘也. 不若禮不足而哀有餘也. 喪事不過盡其哀敬而已.

23. Voir *Cérémonial*, 11 : « Un fils, à la mort de son père, demeure dans une cabane faite de pieux inclinés en dehors de la grande porte de la maison. Jusqu'à l'enterrement, il couche sur un paillasson, la tête appuyée sur une motte de terre. Il pousse des lamentations le jour et la nuit, sans heures fixes. Il boit, une fois le matin, une fois le soir, une bouillie claire qui contient une poignée de riz ou de millet. En se couchant pour dormir, il n'ôte ni son bandeau ni sa ceinture de deuil. Après les offrandes qui ont lieu à la maison au retour de l'enterrement, il détruit le mur élevé devant sa cabane. Il étaie la poutrelle qui est au bord du toit de cette cabane. Il a une natte pour se coucher. Il mange une nourriture grossière et boit de l'eau. Il pousse des lamentations une fois le matin, une fois le soir ; voilà tout. La première année du deuil écoulée, il demeure dans un appartement particulier situé en dehors de ses appartements particuliers ordinaires. Il commence à manger des légumes et des fruits. Il mange des mets communs. Il n'a plus de moment fixe pour pousser des lamentations. » (*cf.* Couvreur, *op.cit.*) 居倚廬, 寢苫枕塊. 哭晝夜無時. 歠粥, 朝一溢米, 夕一溢米. 寢不說絰帶. 既虞, 翦屏柱楣, 寢有席, 食疏食水飲. 朝一哭, 夕一哭而已. 既練舍外寢, 始食菜果. 飯素食. 哭無時.

Voilà qui sape grandement les fondements des rites et ne manque pas de provoquer un terrible sentiment de désolation[23].

Si celui qui porte le deuil de ses parents parvient à suivre de lui-même scrupuleusement chacune des règles sans jamais se rendre coupable de la moindre erreur, il peut se permettre de rapporter au foyer les tablettes du défunt comme le préscrit le rituel. Mais si ce n'est pas le cas, il convient de se contenter de se recueillir auprès des tombes conformément à l'usage courant.

10. Avant la période de deuil proprement dit, il faut pleurer et se lamenter sans discontinuer (lorsqu'on atteint l'épuisement, il faut ordonner aux serviteurs de pousser des lamentations à notre place).

Avant l'enterrement, il n'y a plus de temps prescrit pour les pleurs, mais il faut pleurer dès qu'on est envahi par le chagrin. Après la période de lamentations, il suffit de pleurer deux fois par jour, le matin et le soir. Voici à peu près ce que prescrivent les textes rituels. Mais dans le cas d'une piété filiale débordante, comment fixer le nombre de fois où pleurer ?

En matière de deuil, il vaut mieux en général que la peine fasse oublier le rite plutôt que le rite dissimule l'absence de peine[24]. Le deuil consiste à aller jusqu'au bout de son chagrin et sa révérence, voilà tout.

24. Voir *Livre des Rites*, 3 : « Tseu lou disait : "J'ai entendu dire à notre maître que, dans les cérémonies funèbres, beaucoup de douleur avec peu de cérémonies vaut mieux que beaucoup de cérémonies avec peu de douleur, et que, quand on fait une offrande ou un sacrifice, beaucoup de respect avec peu de cérémonies vaut mieux que beaucoup de cérémonies avec peu de respect." » (*cf.* Couvreur, *op.cit.*) 子路曰 : « 吾聞諸夫子, 喪禮, 與其哀不足而禮有餘也, 不若禮不足而哀有餘也. 祭禮, 與其敬不足而禮有餘也, 不若禮不足而敬有餘也. » Confucius lui-même se laisse aller au désespoir à la mort de son disciple préféré, Yan Hui. Voir *Entretiens*, 11.9 : « Quand Yan Hui mourut, le Maître cria sa douleur, abandonnant toute retenue. Ses disciples lui dirent : "Maître, votre douleur est excessive." Il répondit : "Vraiment ? S'il est un homme digne d'être pleuré ainsi, c'est bien Yan Hui !" » 顏淵死, 子哭之慟. 從者曰 : « 子慟矣 ! » 曰 : « 有慟乎 ! 非夫人之為慟而誰為 ! »

11. 會子曰. 人未有自致者也. 必也親喪乎. 送死者事親之大節也. 於此不用其誠. 惡乎用其誠.

昔者少連大連善居喪. 三日不怠. 三月不懈. 期悲哀. 三年憂. 此是居喪之則也.

孝誠之至者. 則不勉而能矣. 如有不及者. 則勉而從之可也.

12. 人之居喪. 誠孝不至. 不能從禮者. 固不足道矣.

閒有質美而未學者. 徒知執禮之爲孝. 而不知傷生之失正. 過於哀毁. 羸疾已作. 而不忍從權. 以至滅性者或有之. 深可惜也.

25. Zengzi 曾子 (505-436 av. J.-C.) est un disciple de Confucius. Il est considéré par les néo-confucéens comme le fondateur de la lignée la plus orthodoxe de l'enseignement du Maître, lignée dont Mencius fait partie. La tradition lui a attribué la compilation et la rédaction de la partie des commentaires de la *Grande Étude*, attribution aujourd'hui fortement contestée.

26. Il s'agit en réalité d'un propos de Confucius rapporté par Zengzi. *Cf. Entretiens*, 19.17 : « Maître Zeng dit : "J'ai entendu le Maître dire : 'Celui même qui n'a jamais été au bout de lui-même, celui-là y sera poussé par la mort de ses parents.'"» 曾子曰 : « 吾聞諸夫子 : "人未有自致者也必也, 親喪乎 !" »

27. Voir *Livre de la piété filiale*, 18 : « Honorer et aimer ses parents pendant leur vie, les pleurer et les regretter après leur mort, est le grand accomplissement des lois fondamentales de la société humaine. Qui a rempli envers eux toute justice pendant leur vie et après leur mort, a fourni en entier la grande carrière de la Piété Filiale. » (*cf.* Cibot, *op.cit.*) 生事愛敬, 死事哀慼, 生民之本盡矣. 死生之義備矣. 孝子之事親終矣.

28. Cette anecdote, rapportée au chapitre 4 des *Rites familiaux*, se trouve à l'origine dans le *Livre des Rites*, 21 : « Confucius dit: "Chao lien et Ta lien

11. Maître Zeng[25] a dit : « Jamais les hommes n'ont à se dépasser davantage que lors du deuil de leurs parents[26]. » Laisser partir les morts est la grande loi régissant nos relations avec nos parents[27]. Si l'on ne fait pas preuve à cette occasion de sa sincérité, à quoi celle-ci pourrait-elle encore servir ?

Dans les temps anciens, Shao Lian et Da Lian « observèrent parfaitement les règles du deuil après la mort de leurs parents. Les trois premiers jours, bien qu'ils s'abstinssent de toute nourriture, ils déployèrent une grande activité. Les trois premiers mois leur assiduité ne se relâcha nullement. La première année leur douleur fut profonde ; leur tristesse se continua durant trois ans[28]. » Voilà comment on doit faire son deuil.

L'homme de piété sincère y parvient sans effort. Celui qui en manque devra s'efforcer de suivre cet exemple.

12. Celui qui, alors qu'il est en deuil, n'éprouve aucune piété sincère et n'est même pas capable de se conformer aux rites ne mérite même pas qu'on en parle.

Il arrive parfois que des hommes de vertu mais manquant d'instruction considèrent que la piété filiale consiste en une stricte observance des règles. Ils ignorent qu'en portant atteinte à leur santé, ils perdent l'équilibre voulu. En se laissant aller à une douleur dévastatrice, ils s'affaiblissent au point de tomber malade. Refusant les aménagements prévus dans ce cas[29], certains finissent même par perdre la vie, ce qui est vraiment profondément regrettable.

observèrent parfaitement les règles du deuil après la mort de leurs parents. Les trois premiers jours, bien qu'ils s'abstinssent de toute nourriture, ils déployèrent une grande activité. Les trois premiers mois leur assiduité ne se relâcha nullement. La première année leur douleur fut profonde ; leur tristesse se continua durant trois ans. Et cependant ils étaient d'une tribu étrangère établie à l'est de la Chine." » (*cf.* Couvreur, *op.cit.*) 孔子曰 : « 少連大連, 善居喪, 三日不怠, 三月不解. 期悲哀, 三年憂. 東夷之子也. » Le même passage est rapporté dans le *Kongzi jiayu* 孔子家語, 42.11.

29. Il est permis de se nourrir correctement lorsqu'on est malade, même en cas de deuil. Voir note suivante.

是故毀瘠傷生. 君子謂之不孝.

13. 凡有服親戚之喪. 若他處聞訃. 則設位而哭.

若奔喪則至家而成服.

若不奔喪. 則四日成服.

若齊衰之服. 則未成服前三日中. 朝夕爲位會哭. 齊衰降大功者. 亦同.

14. 師友之義重者. 及親戚之無服而情厚者. 與凡相知之分密者. 皆於聞喪之日. 若道遠不能往臨其喪. 則設位而哭.

30. Voir *Livre de la piété filiale*, 18 : « Un fils qui fait les funérailles de ses parents, n'a pas la force de pousser des soupirs ; il fait les cérémonies avec un visage pétrifié de douleur ; les paroles qui sortent de sa bouche n'ont ni élégance, ni suite ; ses vêtements sont grossiers et en désordre sur lui ; la musique la plus touchante n'effleure pas son cœur ; les mets les plus exquis n'ont ni goût ni faveur pour son palais, tant est grande et extrême la désolation qui absorbe toute son âme. Il prend quelque nourriture au troisième jour, parce que tous les peuples savent qu'il ne faut pas attenter sur sa vie, et que si on peut s'abandonner à sa douleur jusqu'à maigrir, il serait horrible de s'y livrer jusqu'à mourir soi-même, en pleurant un mort. Les saints sont sagement réglés : le deuil ne dure que trois années, parce qu'il faut une décision commune pour les peuples, et qu'il doit avoir un terme. » (*cf.* Cibot, *op.cit.*) 子曰 : « 孝子之喪親也, 哭不偯, 禮無容, 言不文, 服美不安, 聞樂不樂, 食旨不甘, 此哀戚之情也. 三日而食, 教民無以死傷生, 毀不滅性, 此聖人之政也. 喪不過三年, 示民有終也. » ; et *Livre des Rites*, 1 : « Un fils, durant les trois années du deuil après la mort de son père, doit éviter d'affaiblir et d'amaigrir son corps au point que les os apparaissent à travers la peau. Il évite de s'affaiblir la vue ou l'ouïe. [...] Durant le deuil, s'il a un ulcère à la tête, il se lave la tête ; s'il a une plaie sur le corps, il se lave le corps ; s'il tombe malade, il boit du vin et mange de la viande. Quand il est guéri, il reprend ses premières abstinences. Si par des privations excessives il se rendait incapable de supporter les fatigues du deuil, il agirait comme un fils ingrat et dénaturé. » (*cf.* Couvreur, *op.cit.*) 居喪之禮, 毀瘠不形, 視聽不衰. [...] 居喪之禮, 頭有創則沐, 身有瘍則浴, 有疾則飲酒食肉. 疾止復初. 不勝喪, 乃比於不慈不孝.

Voilà pourquoi l'homme de bien qualifie d'impiété un chagrin qui nuit à la santé[30].

13. Si l'on apprend le décès d'un proche parent alors qu'on est au loin, il convient de préparer une tablette et de le pleurer.

Si l'on doit revenir en toute hâte pour les funérailles, on doit attendre d'être arrivé à destination pour porter les habits de deuil[31].

En cas d'impossibilité de rentrer, il faut attendre le quatrième jour pour revêtir les habits de deuil[32].

En ce qui concerne les vêtements à porter pour la cérémonie qui a lieu un an après le décès, on ne peut les porter qu'après trois jours passés à pousser des lamentations devant un autel matin et soir[33] (cela vaut aussi dans le cas où l'on aurait réduit la période d'un an à neuf mois[34]).

14. Lorsqu'il s'agit d'un être pour lequel on a d'importants devoirs, comme un maître ou un ami, d'un parent éloigné mais aimé dont on n'a pas à porter le deuil, ou encore de n'importe quelle autre personne qu'on connaissait intimement, le jour même où l'on apprend leur décès, il convient de préparer des tablettes et de les pleurer si, en raison de la distance, on ne peut pas se rendre à leurs funérailles.

31. Les *Rites familiaux* précisent que, même dans le cas du décès du père ou de la mère, les vêtements de deuil ne doivent être portés qu'au quatrième jour après l'arrivée.

32. Il s'agit du quatrième jour après avoir appris la nouvelle du décès. Voir *Rites familiaux*, 4 et Ebrey, *op.cit.* , p. 101.

33. Une purification est également requise. Elle consiste à prendre un bain, changer de vêtement, contrôler son alimentation et sa boisson, mais aussi à limiter ses déplacements et éviter toute agitation.

34. On pouvait réduire la période du deuil d'un an à neuf mois, en général dans le cas d'un fils adopté par une autre famille ou d'une fille mariée.

師則隨其情義深淺. 或心喪三年. 或期年. 或九月. 或五月. 或三月.

友則雖最重. 不過三月.

若師喪欲行三年期年者. 不能奔喪. 則當朝夕設位而哭. 四日而止. 止於四日之朝○若情重者則不止此限

15. 凡遭服者. 每月朔日設位. 服其服而會哭. 師友雖無服亦同

月數旣滿. 則於次月朔日設位. 服其服會哭而除之其閒哀至則哭可也.

16. 凡大功以上喪. 則未葬前. 非有故不可出入. 亦不可弔人. 常以治喪講禮爲事.

35. Cette expression désigne le deuil que l'on fait en son cœur, lorsqu'il n'est pas permis de porter des habits de deuil ou de montrer des signes ostentatoires de deuil. C'est précisément le cas du décès d'un maître, qui n'est pas un membre de la famille.

36. Voir *Cérémonial*, 11 : « Quand deux amis vivent ensemble en pays étranger, si l'un deux vient à mourir, et n'a pas de parent qui préside aux cérémonies funèbres, l'autre y préside ; il se découvre le bras gauche et porte la coiffure de deuil. Après le retour à la maison, cette obligation cesse, si le défunt a un parent qui préside aux cérémonies funèbres. Un ami, à la mort de son ami, porte le bandeau et la ceinture de chanvre, chaque fois qu'il entre dans la maison de son ami. » (*cf.* Couvreur, *op.cit.*) 朋友皆在他邦, 袒免, 歸則已. 朋友, 麻.

Pour un maître, selon que notre affection et notre reconnaissance aient été profondes ou superficielles, on peut porter le deuil du cœur[35] pendant trois ans, un an, neuf mois, cinq mois ou trois mois.

Dans le cas des amis[36], même s'il s'agit du meilleur d'entre eux, il ne faut pas dépasser les trois mois.

Si malgré notre désir de porter le deuil d'un maître pendant trois ans ou un an, il nous est impossible de nous rendre aux funérailles, il faut installer un autel pour le pleurer matin et soir, mais il faut s'arrêter au quatrième jour (il faut arrêter au matin du quatrième jour, mais s'il s'agit d'un être vraiment cher, cette limite ne vaut pas).

15. Ceux qui partagent un deuil peuvent se réunir chaque mois au petit matin afin de pleurer le défunt devant un autel, revêtus d'habits de deuil (on peut faire de même pour un maître ou un ami, pour lesquels on ne porte pas de vêtements de deuil).

Lorsque le nombre de mois de deuil est atteint, on peut toujours se réunir un matin du mois suivant autour d'un autel, revêtus d'habits de deuil, afin de pleurer à nouveau le défunt. Entre-temps, il est bon de pousser des lamentations si le chagrin est trop fort.

16. En général dans le cas d'un deuil supérieur à celui de neuf mois[37], si l'inhumation n'a pas encore eu lieu, il ne faut pas faire de déplacements sans une bonne raison, ni même aller présenter ses condoléances à quelqu'un d'autre. Notre constante préoccupation doit être la pratique correcte du deuil et le bon déroulement du rituel.

37. Le deuil de neuf mois est appelé *dagong/taegong* 大功.

祭禮章第七

1. 祭祀當依家禮. 必立祠堂. 以奉先主. 置祭田具祭器. 宗子主之.

2. 主祠堂者. 每晨謁于大門之內再拜. 雖非主人隨主人同謁無妨 出入必告.

3. 或有水火盜賊. 則先救祠堂. 遷神主遺書. 次及祭器. 然後及家財.

1. Chapitres 1 et 5.

2. Il s'agit d'une citation presque à l'identique du début du chapitre 1 des *Rites familiaux*. Sur le temple ancestral, voir n. 13, chap. 6. La personne en charge du temple est le chef de la lignée et le maître de cérémonie des sacrifices aux ancêtres. Cette mise en valeur du chef de lignée, fils aîné de la branche principale lorsqu'on prend en considération quatre générations successives, est l'un des changements majeurs introduits dans les traités rituels par les néo-confucéens, en particulier Cheng Yi et Zhu Xi. Cette mesure, restrictive, aura des conséquences importantes dans l'organisation des lignages et de la société ainsi que sur les règles de succession et de patrimoine, en Chine mais surtout en Corée. Voir Ebrey, *op.cit.*, de même que Deuchler, *op.cit.*, et Mark Peterson, *Korean Adoption and Inheritance: Case Studies in the Creation of a Classic Confucian Society*, Cornell University East Asian Program, Ithaca,1996.

3. Littéralement, « pénétrer à l'intérieur des grandes portes ». Il s'agit de saluer en restant dans la partie « extérieure » du temple ancestral.

Chapitre VII : Du sacrifice aux ancêtres

1. En matière de sacrifice aux ancêtres, il faut suivre les *Rites familiaux*[1]. « Il faut construire un temple afin d'y disposer les tablettes des ancêtres, réserver une parcelle de terre dont le revenu couvre les frais de sacrifice et acquérir des objets rituels dont la responsabilité sera laissée à l'héritier chargé des cérémonies[2]. »

2. « La personne en charge du temple doit s'y rendre tous les matins à l'aube pour faire deux prosternations de salut[3] (il n'y a pas d'obstacle à ce que quelqu'un qui l'accompagne fasse aussi la salutation). Chaque entrée et sortie doit être précédée d'une annonce à haute voix[4].

3. En cas d'inondation, d'incendie ou d'intrusion dans la maison, il faut tout d'abord sauver le temple ancestral. Il faut enlever les tablettes des ancêtres ainsi que les documents transmis dans la famille. Ensuite, il faut sauver les objets de cérémonie. Après seulement, on pourra s'occuper des objets de valeur de la maison[5]. »

4. Chaque déplacement hors de la demeure familiale doit être signalé aux parents défunts. Hommes et femmes se doivent de prendre congé et d'annoncer leur retour, de la même manière qu'ils le feraient pour des parents vivants.

5. Il s'agit d'une citation partielle mais à l'identique de plusieurs passages du chapitre 1 des *Rites familiaux*.

4. 正正朝至冬至朔一日望十五日則參. 俗節則薦以時食.

5. 時祭則散齊四日. 致齊三日.

忌祭則散齊二日. 致齊一日. 参禮則齊宿一日.

所謂散齊者. 不弔喪不問疾不茹葷飲酒不得至亂. 凡凶穢之事皆不得預. 若路中猝遇凶穢則掩目而避不可視也

所謂致齊者. 不聽樂. 不出入. 專心想念所祭之人.

思其居處. 思其笑語. 思其所樂. 思其所嗜之謂也. 夫然後當祭之時. 如見其形. 如聞其聲. 誠至而神享也.

6. Premier jour du premier mois dans le calendrier luni-solaire.

7. Il s'agit des jours de pleine lune.

8. Il s'agit des fêtes populaires comme celle des « bateaux-dragons », *duanwu/tano* 端午 (cinquième jour du cinquième mois), ou des « récoltes d'automne », *qiuxi/ch'usŏk* 秋夕 (quinzième jour du huitième mois). Les traités rituels néo-confucéens acceptent et tolèrent pour la plupart certaines coutumes populaires, qui sont parfois purement locales, afin de trouver un consensus acceptable au sein de la population et de mettre ainsi au goût du jour des liturgies confucéennes anciennes tirées des Classiques de l'antiquité. Toutefois, les fêtes ainsi que les pratiques bouddhiques telles que le deuil de cent jours quelque soit le parent ou la crémation ne sont en aucun cas tolérées.

9. Il s'agit des deuxième, sixième, huitième et onzième mois, correspondant au deuxième mois de chacune des quatre saisons. C'est pourquoi on parle normalement de « sacrifices des quatre saisons », *sishi jie /sasi che* 四時祭.

10. Yulgok parle, littéralement, de « se purifier de toute dispersion », *sanqi/sanjae* 散齊. Pour faciliter la compréhension, nous avons choisi de traduire de manière plus neutre cette expression qui n'existe pas telle quelle dans les *Rites familiaux* et qui est explicitée par la suite en détails par l'auteur lui-même.

4. Les jours *chŏng* (jour de l'an[6]), *chi* (solstice d'hiver), *sak* (premier jour du mois) et *mang* (quinzième jour du mois[7]), il faut faire un rite de sacrifice. Les jours de fêtes traditionnelles[8], il faut faire une offrande en fonction des produits de saison.

5. Pour les sacrifices saisonniers[9], il faut observer la première purification[10] pendant quatre jours puis la purification extrême[11] pendant trois jours.

Lors des sacrifices à date anniversaire, il faut observer la première purification pendant deux jours, puis la purification extrême pendant un jour.

Par première purification, j'entends qu'on ne doit pas aller présenter de condoléances, ni rendre de visite à une personne malade, ni manger de nourriture malodorante ou grasse et, lorsqu'on boit, on ne doit pas aller jusqu'à l'ivresse. Il ne faut prendre part à aucune sorte d'activité immonde ou répugnante[12] (par exemple, lorsque dans la rue on se retrouve en présence d'actes ou de choses immondes, il faut s'écarter en détournant le regard).

Par purification extrême, j'entends qu'il ne faut pas écouter de musique ni sortir de chez soi[13], afin de concentrer toutes ses pensées et ses réflexions sur la personne à laquelle on va offrir le sacrifice.

« On se remémore l'endroit où elle vivait, ses rires et ses paroles, ses goûts et ses plaisirs, ainsi que toutes les choses qu'elle aimait[14]. » Ainsi, au moment du sacrifice, on pourra presque percevoir son apparence et entendre sa voix. Le sacrifice n'est réussi que lorsque la dévotion est poussée à son comble.

11. Même remarque que précédemment.

12. Ces règles de purification sont décrites dans les *Rites familiaux.*

13. Les *Rites familiaux* ne distinguent pas comme ici deux types de purification. S'abstenir d'écouter de la musique, de sortir ou de présenter ses condoléances participent d'un seul et même processus de purification et d'abstinence.

14. Citation du *Livre des Rites*, 25.

6. 凡祭主. 於盡愛敬之誠而已.
貧則稱家之有無. 疾則量筋力而行之.
財力可及者. 自當如儀.

7. 墓祭忌祭. 世俗輪行非禮也.
墓祭則雖輪行. 皆祭于墓上. 猶之可也.
忌祭不祭于神主. 而乃祭于紙榜. 此甚未安.
雖不免輪行. 須具祭饌. 行于家廟. 庶乎可矣.
喪祭二禮. 最是人子致誠處也. 已沒之親. 不可追養. 若非喪盡其禮. 祭盡其誠. 則終天之痛. 無事可寓. 無時可洩也. 於人子之情. 當如何哉.

15. Dans sa préface aux *Rites familiaux*, Zhu Xi précise qu'il rédige cet ouvrage afin de permettre à tout un chacun de pratiquer les rites en fonction de ses moyens. La sincérité de la performance rituelle prime sur la stricte observance des règles : « [...] Même si parmi nos contemporains, des hommes de bien tentaient d'adapter au goût du jour les usages anciens, afin de créer un système de règles valable pour aujourd'hui, ils ne manqueraient pas de perdre la juste mesure, en entrant trop dans les détails ou en se cantonnant à des généralités. Ils ne feraient alors que travailler sur les branches en délaissant les racines, et ils négligeraient les actes en se préoccupant uniquement de la lettre. C'est ainsi que les lettrés sérieux qui aiment les rites sont incapables de sélectionner les quelques règles fondamentales sur lesquelles s'appuyer et ceux qui sont pauvres éprouvent une angoisse supplémentaire à l'idée qu'ils n'auront pas les moyens de pratiquer correctement les rites. Moi qui ne suis qu'un ignorant, j'ai souffert de ces deux maladies. C'est pourquoi j'ai entrepris d'examiner moi-même en détail les ouvrages rituels d'hier et d'aujourd'hui. Après avoir identifié les grands principes structurants qui doivent rester inaltérés, j'y ai ajouté

6. Ce qui compte vraiment dans le rite aux ancêtres, c'est un amour et une révérence extrêmes.

Si l'on est pauvre, le sacrifice sera conforme aux ressources de la maison, et si l'on est malade, il sera à la mesure de nos forces[15].

Celui qui a des ressources financières et des forces suffisantes doit naturellement respecter les règles de manière stricte.

7. L'habitude fait que les sacrifices célébrés devant la tombe du défunt ou à date anniversaire sont effectués à tour de rôle dans la famille, ce qui est contraire aux rites.

Pratiquer à tour de rôle les sacrifices devant la tombe est encore acceptable s'ils sont bien pratiqués sur la tombe.

Mais il est tout à fait inacceptable de sacrifier devant des subsituts en papier des tablettes des ancêtres.

Quant au sacrifice pratiqué à tour de rôle dans la famille, il n'est acceptable, s'il ne peut être évité, qu'à condition que les offrandes soient préparées et disposées dans le temple ancestral.

Le deuil et le sacrifice aux ancêtres sont les deux rites qui réclament la plus grande sincérité en termes de devoir filial. Il est certes impossible de continuer à servir des parents qui nous ont déjà quittés. Mais si l'on n'accomplit pas correctement les rites de deuil et qu'on manque de sincérité dans nos sacrifices, l'immense souffrance que l'on ressentira n'aura nul endroit pour se cristalliser et nul moment pour se déverser. Les tourments filiaux sont indescriptibles !

quelques compléments afin de compiler un ouvrage représentatif d'une seule et unique école de pensée. [...] » 世之君子雖或酌以古今之變,更為一時之法, 然亦或詳或略, 無所折中, 至或遺其本而務其末, 緩於實而急於文, 自有志好禮之士, 猶或不能舉其要而因, 於貧窶者, 尤患其終不能有以及於禮也. 熹之愚, 蓋兩病焉. 是以嘗獨究觀古今之籍, 因其大體之不可變者, 而少加損益於其間, 以為一家之書.

曾子曰. 愼終追遠. 民德歸厚矣. 爲人子者. 所當深念也.

8. 今俗多不識禮. 其行祭之儀. 家家不同. 甚可笑也.

若不一裁之以禮. 則終不免紊亂無序. 歸於夷虜之風矣.

玆鈔祭禮. 附錄于後. 且爲之圖. 須詳審倣行. 而若父兄不欲. 則當委曲陳達. 期於歸正.

16. *Cf. Entretiens*, 1.9 : « Maître Zeng dit : “Que le souverain rende les derniers devoirs à ses parents, qu’il accomplisse les sacrifices aux ancêtres de toute son âme, et le peuple retrouvera la grande vertu.”» 曾子曰 : « 愼終, 追遠, 民德歸厚矣. »

17. Comme nombre de ses contemporains, Yulgok a intériorisé le discours confucéen – à première vue uniquement sinocentrique – qui considère que la pratique du confucianisme et des rites garantit l’accession à la civilisation. Pour les lettrés coréens, la Corée, qui faisait traditionnellement partie des Barbares de l’Est (*Dongyi/Tongi* 東夷) selon la terminologie traditionnelle chinoise, est devenue un royaume civilisé avec l’adoption du confucianisme. Ils se sentent ainsi les dépositaires et les garants de cette Voie confucéenne au même titre que les Chinois.

Maître Zeng a dit : « Que le souverain rende les derniers devoirs à ses parents, qu'il accomplisse les sacrifices aux ancêtres de toute son âme, et le peuple retrouvera la grande vertu[16]. » Voilà un propos à méditer profondément par tout homme, né d'un père et d'une mère.

8. Les usages d'aujourd'hui portent nombre d'entre nous à une méconnaissance des rites. Chaque maison a sa propre manière de pratiquer le sacrifice aux ancêtres. Les divergences sont telles que cela en devient ridicule.

Si l'on n'y met pas bon ordre en recourant aux rituels, on ne pourra éviter de sombrer à terme dans un chaos et une anarchie sans nom et l'on retournera à des mœurs de barbares et de brigands[17].

J'ai ainsi ajouté des précisions qui concernent spécifiquement le sacrifice aux ancêtres en fin d'ouvrage[18]. J'y ai joint des croquis qui seront une aide pour pratiquer correctement les rituels jusque dans les moindres détails[19]. Si votre père et vos aînés se montrent réticents à changer leurs habitudes, il faut les convaincre par des explications, afin qu'ils finissent par retrouver des pratiques correctes.

18. Il s'agit de l'ensemble des documents, constitué de trois schémas et de huit notices distinctes, qui a été inséré à la suite des *Principes essentiels pour éduquer les jeunes gens* dans les *Œuvres complètes de Yulgok*, le *Yulgok chŏnsŏ*, sous le nom de *Cheŭich'o* 祭儀鈔, « Transcriptions des règles de cérémonial du sacrifice aux ancêtres ».

19. Les commentateurs chinois des époques Song et Ming ont également adjoint des diagrammes et des dessins explicatifs aux *Rites familiaux* de Zhu Xi. Voir Ebrey, *op.cit.*, introduction, p. XXVII. Le recours aux diagrammes et schémas était aussi une pratique courante chez les lettrés et commentateurs coréens.

居家章第八

1. 凡居家. 當謹守禮法. 以率妻子及家衆. 分之以職. 授之以事. 而責其成功. 制財用之節. 量入而爲出. 稱家之有無. 以給上下之衣食及吉凶之費. 皆有品節而莫不均一. 裁省冗費. 禁止奢華. 常須稍存贏餘. 以備不虞.

2. 冠婚之制. 當依家禮. 不可苟且從俗.

Chapitre VIII

Des affaires domestiques

1. « En matière de vie domestique, il faut scrupuleusement observer les règles rituelles pour diriger les épouses, les enfants ainsi que tous les gens de maison. Il faut attribuer à chacun un rôle et distribuer les tâches en fonction, puis il faut surveiller que tout se passe comme il convient. Il faut administrer ses biens avec économie et adapter ses dépenses à ses revenus. Il faut évaluer correctement les avoirs et les manques de sa maison, afin que les frais de bouche et de linge, ainsi que ceux occasionnés par tout événement faste ou néfaste soient octroyés, en haut comme en bas, de manière juste et équitable, sans qu'il y ait le moindre soupçon de partialité. Il convient de réduire les frais inutiles, de bannir toute dépense ostentatoire et de garder des économies pour faire face aux imprévus[1]. »

2. Les cérémonies de prise du bonnet viril et de mariage doivent se fonder sur les *Rites familiaux*[2] sans jamais suivre les usages du commun.

1. Il s'agit d'une citation quasi à l'identique des règles domestiques énoncées par Sima Guang司馬光 (1019-1086) dans son traité rituel, le *Shuyi* 書儀, et qui sont reproduites intégralement à la fin du chapitre 1 des *Rites familiaux* de Zhu Xi.

2. Chapitres 2 et 3 des *Rites familiaux*.

3. 兄弟同受父母遺體. 與我如一身.

視之當無彼我之閒. 飲食衣服. 有無皆當共之. 設使兄飢而弟飽. 弟寒而兄溫. 則是一身之中肢體. 或病或健也. 身心豈得偏安乎.

今人兄弟不相愛者. 皆緣不愛父母故也. 若有愛父母之心. 則豈可不愛父母之子乎.

兄弟若有不善之行. 則當積誠忠諫. 漸喻以理. 期於感悟. 不可遽加厲色拂言. 以失其和也.

4. 今之學者. 外雖矜持. 而內鮮篤實.

夫婦之閒. 衽席之上. 多縱情慾. 失其威儀. 故夫婦不相昵狎. 而能相敬者甚少. 如是而欲修身正家. 不亦難乎.

必須夫和而制以義. 妻順而承以正. 夫婦之閒. 不失禮敬. 然後家事可治也. 若從前相狎. 而

3. Voir *Jinsilu*, 6.8 : « L'explication du trait yang, situé en deuxième position à partir du bas, dans l'hexagramme *mariage de la fille* dit qu'il faut maintenir la rectitude, sans jamais perdre de vue la règle correcte et immuable présidant aux relations entre époux. Les gens d'aujourd'hui considèrent comme choses normales le laisser-aller et la familiarité entre époux, et ils pensent donc que la rectitude et la tranquillité sont anormales, sans avoir conscience que c'est pourtant là la règle pour faire durer les relations conjugales. » 歸妹九二, 守其幽貞, 未失夫婦常正之道. 世人以媟狎爲常, 故以貞靜爲變常, 不知乃常久之道也.

3. Mes frères ont reçu de mes parents les mêmes caractéristiques physiques que moi. Ils forment comme un seul corps avec moi.

Il faut les considérer sans distinguer entre un toi et un moi, et tout partager avec eux dans l'opulence comme dans la pénurie de nourriture et de linge. Si l'aîné est affamé alors que le cadet mange à satiété, ou si le cadet grelotte de froid alors que son aîné se tient bien au chaud, c'est comme si dans un seul et même corps, il y avait une partie malade et une autre bien portante. Comment l'âme et le corps pourraient-ils se sentir bien en partie seulement ?

De nos jours les frères ne s'aiment pas entre eux, car ils n'aiment pas leurs parents. Comment ne pas aimer les enfants de ses parents quand on a dans le cœur un amour sincère pour ces derniers ?

Si des frères se comportent mal les uns avec les autres, il convient de redoubler de sincérité en faisant des critiques loyales. Il faut les éduquer progressivement par la raison afin qu'ils finissent par comprendre leurs erreurs. Il ne faut pas, à la faveur d'un instant d'excitation, envenimer la situation en prenant un air courroucé ou en tenant des propos déplaisants, car ce serait perdre son sang-froid.

4. Aujourd'hui certains hommes d'étude qui savent pourtant se conduire à l'extérieur font preuve de légèreté chez eux.

Entre époux, beaucoup se laissent emporter par les sentiments éprouvés sur la couche et perdent toute dignité de manières. Rares sont les époux qui ne prennent pas leurs aises entre eux et sont capables de pratiquer le respect mutuel. Comme il est difficile de se perfectionner et d'ordonner sa maison quand on vit ainsi !

Il faut que l'époux, affable, dirige avec justice et que l'épouse, déférente, obéisse avec rectitude. Ce n'est qu'à condition de ne pas perdre le sens des rites et du respect mutuel entre époux que les affaires domestiques pourront être administrées[3]. Quand on a l'habitude de se traiter de manière

一朝遽欲相敬. 其勢難行.

須是與妻相戒. 必去前習. 漸入於禮可也. 妻若見我發言. 持身一出於正. 則必漸相信而順從矣.

5. 生子自稍有知識時. 當導之以善. 若幼而不敎. 至於旣長. 則習非放心. 敎之甚難.

敎之之序. 當依小學.

大抵一家之內. 禮法興行. 簡編筆墨之外. 無他雜技. 則子弟亦無外馳畔學之患矣.

兄弟之子. 猶我子也. 其愛之其敎之當均一. 不可有輕重厚薄也.

4. Nous trouvons ici l'idée confucéenne que c'est la force de l'exemplarité et non celle de la coercition qui se révèle la plus efficace et la plus durable lorsqu'on veut agir sur les autres. Voir *Jinsilu*, 6.7 : « L'explication du trait yang *neuf*, situé en haut de l'hexagramme *famille* dit qu'il faut de la sévérité dans la manière de gouverner sa maison, et Confucius nous a prévenu en précisant dans son commentaire : "C'est avec soi-même qu'il faut d'abord se montrer sévère. Si la sévérité ne commence pas par soi, les autres ressentiront de l'inimitié et ils ne se soumettront pas." » 家人上九爻辭, 謂治家當有威嚴. 而夫子又複戒雲 : « 當先嚴其身也. 威嚴不先行於己, 則人怨而不服. »

5. Yulgok ne développe pas ici les différentes étapes de l'éducation infantile qui sont pourtant largement détaillées au chapitre 1 des *Rites familiaux*.

6. Voir *Jinsilu*, 6.12 : « […] "Par nature, on éprouve spontanément plus ou moins d'affection (selon qu'il s'agisse de notre fils ou de celui de notre frère). Il faut marquer une différence, n'est-ce pas ?" "C'est uniquement parce que les gens d'aujourd'hui considèrent les choses d'un point de vue égoïste. Confucius a dit : 'La Voie de la relation père/fils est inscrite par volonté céleste dans notre nature.' Comme il parlait de piété filiale, il n'a évoqué que les relations entre un père et son fils. Mais ne s'agit-il pas aussi de décret céleste inscrit dans notre nature quand il s'agit des relations entre un souverain et son ministre, entre un frère aîné et un frère cadet, entre un hôte et son visiteur, ou encore entre deux amis ? C'est uniquement parce que les gens d'aujourd'hui voient les choses de manière étroite qu'ils ne

familière et qu'on décide un bon matin de se montrer du respect, il est très difficile de changer les choses.

C'est pourquoi les époux doivent se montrer mutuellement du respect et se débarrasser de leurs vieilles habitudes afin de se pénétrer progressivement du sens des rites. Si une épouse nous voit parler et agir correctement en toute circonstance, elle sera peu à peu mise en confiance et elle se mettra à obéir[4].

5. Lorsqu'on a un enfant, il faut le guider selon le principe du bien dès l'instant où il commence à comprendre les choses. Un homme laissé sans éducation dans son enfance devient un adulte affecté de mauvaises habitudes et à l'esprit dispersé qu'il est très difficile d'éduquer[5].

En ce qui concerne l'ordre et la manière d'éduquer les enfants, il faut se référer à la *Petite Étude*.

En général, dans une maison où les rites et les règles sont à l'honneur et où ne traîne aucun objet superflu sinon du papier, des pinceaux et de l'encre, il n'y a aucun risque de voir les enfants se détourner de l'étude en allant se dissiper au dehors.

Les enfants de nos frères sont comme nos propres enfants. Il faut les aimer et les éduquer de manière impartiale, sans marquer de différence de quelque nature que ce soit[6].

parviennent pas comprendre ce qui est à la racine des choses. Quel écart y a-t-il entre notre fils et celui de notre frère ? Ils sont l'un et l'autre engendrés par des pères. C'est simplement en raison d'une différence visible d'apparence entre frères qu'un aîné et un cadet sont qualifiés respectivement de mains et de pieds d'un même corps. Les gens se soucient uniquement des différences extérieures et montrent ainsi une affection différente selon qu'il s'agisse de leurs propres fils ou de ceux de leurs frères. Ceci est une grave erreur." » 又問 : « 天性自有輕重, 疑若有間然. » 曰 : « 只爲今人以私心看了. 孔子曰 : "父子之道, 天性也." 此只就孝上說, 故言父子天性. 若君臣兄弟賓主朋友之類, 亦豈不是天性 ? 只爲今人小看卻, 不推其本所由來, 故爾. 己之子與兄之子所爭幾何 ? 是同出於父者也. 只爲兄弟異形, 故以兄弟爲手足. 人多以異形故, 親己之子異于兄弟之子, 甚不是也. »

6. 婢僕代我之勞. 當先恩而後威. 乃得其心.

君之於民. 主之於僕. 其理一也. 君不恤民則民散. 民散則國亡. 主不恤僕則僕散. 僕散則家敗.

勢所必至. 其於婢僕必須軫念飢寒. 資給衣食. 使得其所. 而有過惡. 則先須勤勤敎誨. 使之改革.

敎之不改. 然後乃施楚撻. 使其心. 知厥主之楚撻. 出於敎誨. 而非所以憎嫉. 然後可使改心革面矣.

7. 治家當以禮法. 辨別內外.

雖婢僕男女. 不可混處.

7. Ce passage rappelle l'idée, assez commune dans la rhétorique confucéenne, qu'il faut littéralement « obtenir le cœur » d'autrui, *dexin/tŭksim* 得心. Cette idée est notamment énoncée, dans une terminologie plus simple, dans les *Entretiens*, 19.10 : « Zixia dit : "L'homme de bien ne fait travailler le peuple que s'il a mérité sa confiance, faute de quoi le peuple se sentirait exploité. Il ne présente de remontrances au souverain que s'il jouit de sa confiance, faute de quoi le souverain se sentirait lésé." » 子夏曰 : « 君子信而後勞其民 ; 未信, 則以為厲己也. 信而後諫 ; 未信, 則以為謗己也. »

6. Les esclaves se chargent à notre place des travaux de peine. Il faut que nos bontés prennent le pas sur nos remontrances si l'on souhaite obtenir d'eux une obéissance sincère[7].

La même logique est à l'œuvre entre un souverain et son peuple et entre un maître et son esclave. Le peuple d'un souverain impitoyable se relâche, et quand le peuple se relâche, le pays sombre. Exactement de la même manière, l'esclave d'un maître sans cœur se relâche, et quand les esclaves se relâchent, la maison tombe.

Il faut se soucier avant tout de ce que les esclaves ne souffrent ni de faim ni de froid, en leur procurant des vêtements et de la nourriture en suffisance. Lorsqu'ils commettent des erreurs ou des actes répréhensibles, il faut tout d'abord les éduquer et les sermonner avec patience afin de les conduire à s'amender.

S'ils ne changent pas en dépit de nos efforts pour les éduquer, il faut alors recourir à une correction de manière à ce qu'ils comprennent en leur âme et conscience que la correction participe de la visée éducatrice du maître et qu'elle n'est en aucun cas le fruit de son aversion ou de sa colère. Ce n'est qu'ainsi que l'on pourra changer leur tournure d'esprit et réformer leur attitude[8].

7. Dans la gestion de la maison, il faut recourir à des rites et à des règles, en marquant une différence nette entre les appartements intérieurs et extérieurs.

Même dans le cas des esclaves, les hommes et les femmes ne doivent pas cohabiter.

8. Ce passage est très différent de ce qui est dit au sujet des serviteurs à la fin du chapitre 1 des *Rites Familiaux*. En effet, Zhu Xi insiste uniquement sur les réprimandes et le maintien de l'ordre, sans jamais faire allusion aux sentiments que peuvent éprouver les serviteurs et esclaves. Voir Ebrey, *op.cit.*, p. 34.

男僕非有所使令. 則不可輒入內. 女僕皆當使有定夫. 不可使淫亂.

若淫亂不止者. 則當黜使別居. 毋令汚穢家風.

婢僕當令和睦. 若有鬪鬩喧噪者. 則當痛加禁制.

8. 君子憂道. 不當憂貧. 但家貧無以資生. 則雖當思救窮之策. 亦只可免飢寒而已.

不可存居積豐足之念. 且不可以世閒鄙事. 留滞于心胷之閒.

古之隱者. 有織屨而食者. 樵漁而活者. 植杖而耘者. 此等人. 富貴不能動其心. 故能安於此. 若有較利害計豐約之念. 則豈不爲心術之害哉.

學者要須以輕富貴守貧賤爲心.

9. Il n'y a aucune mention des éventuels « débordements d'ordre sexuel » dans les *Rites familiaux*.

10. Citation du chapitre 1 des *Rites familiaux*.

11. On trouve mention de l'un de ces hommes exemplaires dans les *Entretiens*, 18.7 : « Il arriva un jour à Zilu de perdre de vue le Maître et ses compagnons. Il rencontra un vieil homme qui portait un panier suspendu au bout de son bâton. Zilu lui demanda : "Auriez-vous vu passer mon maître ?" Le vieillard lui dit : "Tu m'as l'air aussi incapable de travailler de tes quatre membres que de distinguer les Cinq Céréales – qui as-tu donc pour maître ?" Sur ce, il ficha son bâton en terre et se mit à sarcler. Mais Zilu resta là, les mains jointes avec respect. La nuit venue, le vieillard lui donna asile. Il tua une volaille, prépara du millet pour son souper, et lui présenta même ses deux fils. Le lendemain, Zilu rejoignit le Maître et lui raconta son aventure. Le Maître lui dit : "C'est sûrement un ermite." » 子路從而後, 遇丈人, 以杖荷蓧子路問曰 : « 子見夫子乎 ? » 丈人曰 : « 四禮不勤, 五穀不分, 孰為夫子 ! » 植其杖而芸. 子路拱而立. 止子路宿, 殺雞為黍而食之, 見其二子焉. 明日, 子路行以告. 子曰 : « 隱者也. » La thématique des ermites, ou du moins des lettrés qui vivent retirés, est très importante dans la vie de Yulgok. Sans cesse tenté par ce « retrait » des charges publiques (*tui/t'oe* 退), il développe dans ses poésies et sa correspondance – officielle en particulier – une typologie relativement complexe de ces lettrés retirés dont il souhaiterait faire partie.

Il ne faut pas permettre aux esclaves mâles de pénétrer dans les appartements intérieurs, sauf s'ils en ont reçu l'ordre. Quant aux femmes, il faut leur assigner un époux et prévenir ainsi tout débordement sexuel.

Si des incidents se produisent tout de même, il faut chasser la personne responsable et l'installer autre part afin que les mœurs de la maison ne soient pas corrompues[9].

« Les esclaves doivent pouvoir vivre dans l'harmonie et la bonne entente ; il faut mettre fin avec sévérité à toute dispute ou charivari[10]. »

8. Un homme de bien doit s'inquiéter de la Voie et non de la pauvreté. Si sa maison s'appauvrit au point de ne plus avoir aucun moyen de subsistance, il doit certes remédier à la situation, mais en se bornant à éviter le froid et la faim.

Il ne doit ni cultiver des idées d'abondance et de prospérité, ni laisser stagner en son cœur les viles préoccupations du quotidien.

Parmi les lettrés retirés d'autrefois, certains tressaient des sandales pour se nourrir, d'autres coupaient du bois ou pêchaient pour vivre, et d'autres enfin sarclaient et binaient la terre[11]. S'ils ont pu vivre ainsi contents, c'est parce qu'ils ne se laissaient pas émouvoir par les richesses. Comment la préoccupation des pertes et des profits, ainsi que les rêves de richesse et d'opulence ne nuiraient-ils pas aux travaux du cœur et de l'esprit ?

Celui qui se destine à l'Étude doit avoir pour règle de mépriser les richesses et d'accepter la pauvreté[12].

12. Ce passage rappelle l'avant-dernière sentence de *l'Inscription de l'Ouest*, *Ximing* 西銘, de Zhang Zai. Ce texte, extrêmement célèbre et déterminant dans le néo-confucianisme en raison de l'admiration que lui ont portée les frères Cheng et Zhu Xi, dit en effet : « Les richesses, les honneurs, les bienfaits et les largesses m'assurent la prospérité dans la vie, mais la pauvreté, une basse condition, les soucis et le chagrin me conduisent vers l'accomplissement personnel. » 富貴福澤, 將厚吾之生也; 貧賤憂戚, 庸玉汝於成也.

9. 居家貧窶. 則必爲貧窶所困. 失其所守者多矣. 學者正當於此處用功.

古人曰. 窮視其所不爲. 貧視其所不取. 孔子曰. 小人窮斯濫矣. 若動於貧窶. 而不能行義. 則焉用學問爲哉.

凡辭受取與之際. 必精思義與非義. 義則取之. 不義則不取. 不可毫髮放過.

若朋友則有通財之義. 所遺皆當受. 但我非乏. 而遺以米布. 則不可受也.

其他相識者. 則只受其有名之饋. 而無名則不可受也.

所謂有名者. 賻喪賮行助昏禮周飢乏之類是也.

13. Citation de Liu Xiang 劉向 (79-8 av. J.-C.), *Shuo Yuan* 說苑, 2.4.

14. *Cf. Entretiens*, 15.1 : « À Chen, les vivres viennent à manquer. Les disciples tombent malades au point de ne plus pouvoir se lever. Zilu, courroucé, va trouver le Maître et lui dit : “Vous n’allez pas me dire que des hommes de bien peuvent en être réduits à cet état ?” Le Maître dit : “L’homme de bien peut non seulement tomber dans la détresse, mais il l’affronte avec courage. C’est l’homme de peu qui, dans pareille situation, se laisse aller aux pires excès.” » 在陳絕糧. 從者病, 莫能興. 子路慍見曰: « 君子亦有窮乎? » 子曰: « 君子固窮 ; 小人斯濫矣. »

15. L’amitié est essentiellement entendue comme un partage de biens comme de connaissances. Voir *Entretiens*, 10.15 : « S’il arrive qu’un de ses amis meure sans avoir de parents pour subvenir aux frais d’enterrement, il dit : “Je me charge des obsèques.” Pour tout cadeau envoyé par un ami, fût-ce un char avec ses chevaux, il ne se prosterne pas. Il ne le fait que s’il s’agit de viande sacrificielle. » 朋友死, 無所歸, 曰 : « 於我殯. » 朋友之饋, 雖車馬, 非祭肉, 不拜. ; et *Entretiens*, 5.25 : « Un jour que Yan Hui et Zilu se tiennent auprès de lui, le Maître leur demande : “Dites un peu quel serait votre idéal à chacun ?” Zilu : “J’aimerais posséder chevaux, voitures et manteaux de belle fourrure pour les partager avec mes amis et trouver tout normal qu’ils me les rendent usés.” Yan Hui : “Mon idéal est de ne pas me

9. Dans les familles pauvres, beaucoup renoncent à leur aspiration à l'étude en raison des difficultés de leur situation matérielle. Voilà le point auquel tout aspirant à l'étude doit bien faire attention.

Les anciens disaient : « Dans le dénuement, réfléchis à ce que tu n'as pas fait ; dans la pauvreté, médites sur ce que tu n'as pas brigué[13]. » Confucius a dit : « Dans la détresse, c'est l'homme de peu qui se laisse aller aux pires excès[14]. » Si, frappé par la pauvreté, on n'est plus capable de se comporter avec justesse, à quoi nous servirait donc toute notre étude ?

En général lorsqu'on risque de devenir le débiteur de quelqu'un, il faut réfléchir profondément afin de distinguer ce qui est juste de ce qui ne l'est pas. Si cela est juste, il faut accepter, mais si cela ne l'est pas, il faut absolument refuser sans aucune exception.

Si c'est un ami, il faut accepter puisque cela part d'une intention de partage[15]. Mais dans le cas où il nous donnerait des céréales[16] ou des étoffes alors que nous ne manquons de rien, il ne faut pas accepter.

De nos autres relations, il ne faut accepter que des présents qui ont un nom, et refuser ceux qui n'en ont pas.

Quand je parle de présents qui ont un nom, je veux parler des contributions aux frais de funérailles et au voyage de retour pour deuil, ou des aides pour l'organisation d'un mariage, ou encore des cadeaux servant à améliorer l'ordinaire en cas de disette.

vanter de mes propres qualités et de ne pas faire étalage de mes mérites." Zilu : "Et vous, Maître, quel est votre idéal ?" Le Maître : "C'est d'inspirer aux vieux la sérénité, aux amis la confiance, aux jeunes l'affection." » 顏淵季路侍. 子曰 : « 盍各言爾志 ? » 子路曰 : « 願車馬, 衣輕裘, 與朋友共, 蔽之而無憾. » 顏淵曰 : « 願無伐善, 無施勞. » 子路曰 : « 願聞子之志. » 子曰 : « 老者安之, 朋友信之, 少者懷之. »

16. Yulgok lui-même fait porter des céréales à son ami Song Ikp'il 宋翼弼 (1534-1599) qui, n'occupant pas de poste en raison de son statut de fils de concubine, n'a pas de revenus réguliers.

若是大段惡人. 心所鄙惡者. 則者饋雖有名. 受之心必不安. 心不安則不可抑而受之也.

孟子曰. 無爲其所不爲. 無欲其所不欲. 此是行義之法也.

10. 中朝則列邑之宰有私俸. 故推其餘可以周人之急矣.

我國則守令別無私俸. 只以公穀應日用之需. 而若私與他人. 則不論多少. 皆有罪譴. 甚則至於犯贓. 受者亦然.

爲士而受守令之饋. 則是乃犯禁也. 古者入國而問禁. 則居其國者. 豈可犯禁乎.

守令之饋. 大抵難受. 若私與官庫之穀. 則不論人之親疎. 名之有無. 物之多寡. 皆不可受也. 若分. 以衙中私財周急. 則或可受也.

17. *Cf. Mengzi*, VII.A.17.

18. Citation incorrecte du *Livre des Rites*, 1: « On doit demander, en arrivant à la frontière d'un pays, quelles sont les lois prohibitives ; en entrant dans une principauté, quels sont les usages particuliers ; en entrant dans une maison, quels noms il faut s'abstenir de prononcer. » (*cf.* Couvreur, *op.cit.*) 入竟而問禁, 入國而問俗, 入門而問諱. Nous avons traduit par « interdits » ce que Séraphin Couvreur a traduit par « lois prohibitives ».

19. Yulgok refuse lui-même l'aide proposée par le magistrat local lors d'un de ses séjours à Haeju, alors qu'il ne parvient pas toujours à se nourrir correctement (il ne prenait pas de déjeuner et n'avait pas de quoi améliorer son ordinaire, fait d'une bouillie de riz mélangé à des céréales).

Lorsqu'il s'agit d'un cadeau qui porte un nom, mais qui est offert par une personne mauvaise ou que l'on n'a jamais portée dans son cœur, on n'aura pas l'esprit tranquille si l'on accepte. Si l'on pense ne pas pouvoir avoir l'esprit tranquille, il ne faut pas se forcer à accepter.

Maître Meng a dit : « Ne pas faire ce qui ne doit pas être fait ; ne pas désirer ce qui ne doit pas être désiré[17]. » Voilà la règle à suivre pour agir avec justesse.

10. En Chine, les magistrats de district perçoivent un salaire spécial pour leurs dépenses personnelles, ce qui fait qu'ils ont des excédents leur permettant de secourir les gens dans le besoin.

Dans notre pays, les fonctionnaires locaux ne reçoivent pas de traitement supplémentaire et doivent donc faire face aux aléas du quotidien avec les grains publics pour seule ressource. S'ils en donnent à des gens à titre personnel, tout le monde est condamné pour acte délictueux, quel que soit le nombre de personnes impliquées. Cela peut même aller jusqu'à l'abus de biens publics, et le ou les bénéficiaires n'échappent pas à la condamnation.

En tant que lettré, recevoir un cadeau d'un fonctionnaire est interdit. Jadis, « en entrant dans un pays, on demandait quelles en étaient les interdits[18]. » Quel nouveau résident d'un pays oserait, en effet, se permettre d'en violer les lois ?

Un cadeau venant d'un fonctionnaire local est, de manière générale, difficile à accepter. Si ce dernier nous offre à titre privé des céréales provenant de greniers officiels, il n'y a même pas à considérer s'il s'agit d'une personne proche ou non, si le cadeau est nommable ou innommable, ni même s'il y a une grosse ou une petite quantité de grain : dans tous les cas, il ne faut pas accepter (s'il s'agit d'un fonctionnaire que nous fréquentons beaucoup et qui nous porte secours sur sa fortune personnelle, il est permis d'accepter)[19].

接人章第九

1. 凡接人當務和敬. 年長以倍則父事之. 十年以長則兄事之. 五年以長. 亦稍加敬.
最不可恃學自高. 尙氣陵人也.

2. 擇友必取好學好善. 方嚴直諒之人. 與之同

1. Voir *Livre des Rites*, 1 : « Envers ceux qui ont deux fois son âge, il a les mêmes égards qu'envers son père ; et envers ceux qui ont dix ans de plus que lui, il a les mêmes égards qu'envers des frères plus âgés que lui. Avec ceux qui ont cinq ans de plus que lui, il marche épaule contre épaule, mais un peu en arrière. » (*cf.* Couvreur, *op.cit.*) 年長以倍, 則父事之. 十年以長, 則兄事之. 五年以長, 則肩隨之.

2. Voir Yi I, *Hakkyo mobŏm*學校模範, 8 : « La huitième règle du lettré consiste à bien choisir ses amis. La transmission de la Voie et la dissipation des doutes sont certes du ressort d'un maître, mais l'entraide mutuelle et le renforcement du sentiment d'humanité dépendent en réalité des camarades et amis. » 八曰擇友. 謂傳道解惑. 雖在於師. 而麗澤輔仁. 實賴朋友 ; *Entretiens*, 16.4 : « Confucius dit : "Il y a trois sortes d'amitiés profitables, trois amitiés nuisibles. Les amitiés profitables sont celles des hommes droits, sincères et de grand savoir. Les nuisibles sont celles des hommes faux, obséquieux et beaux parleurs." » 孔子曰 : « 益者三友, 損者三友 ; 友直, 友諒, 友多聞 ; 益矣. 友便辟, 友善柔, 友便佞損矣. » ; et *Xunzi*, 23 : « De même, quelles que soient au départ les qualités d'un homme, quelque pénétrant et intelligent que puisse être son cœur, il lui faudra recourir à l'enseignement d'un sage et le servir, il lui faudra choisir des amis de qualité et savoir cultiver les vertus de l'amitié. Recevoir l'enseignement d'un sage et le servir, c'est avoir dans l'oreille la Voie de Tang, de Yu, de Shun et de Yao, trouver des amis de qualité et cultiver l'amitié, c'est avoir sous les yeux la pratique de la loyauté,

Chapitre IX

Du comportement avec autrui

1. En général, dans notre manière de nous comporter avec autrui, il faut s'efforcer de préserver la bonne entente et le respect. Il faut traiter celui qui a le double de notre âge comme notre père et celui qui a dix ans de plus que nous comme notre frère aîné. Même celui qui n'a que cinq ans de plus, il faut le traiter avec une nuance de respect[1].

Il ne faut surtout pas chercher à se rehausser en se targuant de ses connaissances, ni mépriser les autres en ne jurant que par la force de la jeunesse.

2. Lorsqu'on se choisit des amis, il convient de retenir des hommes qui aiment l'étude et le bien, et qui sont justes, rigoureux, droits et honnêtes[2]. En passant du temps en leur

de la confiance, du respect et de l'humilité. On progressera alors chaque jour, sans même s'en apercevoir, sur le chemin de la Vertu Suprême et de l'équité rituelle grâce à ces bonnes influences. Mais si l'on fraye avec de mauvaises gens, ce sont des tromperies, des mensonges, des erreurs et des artifices qu'on a dans l'oreille et ce qu'on a sous les yeux, ce sont des pratiques viles, déréglées, débauchées, méprisables, intéressées et cupides et l'on y gagnera, sans même s'en rendre compte, de devenir passible des châtiments les plus sévères grâce à ces fâcheuses influences. La tradition rapporte que "celui qui connaît mal un homme n'a qu'a voir ses amis, qui connaît mal un Prince n'a qu'à voir qui l'entoure". L'entourage, voilà tout ! L'entourage, voilà tout ! » (*cf.* Kamenarovic, *op.cit.*) 夫人有性質美而心辯知, 必將求賢師而事之, 擇良友而友之. 得賢師而事之, 則所聞者堯舜禹湯之道也 ; 得良友而友之, 則所見者忠信敬讓之行也. 身日進於仁義而不自知也者, 靡使然也. 今與不善人處, 則所聞者欺誣詐偽也, 所見者汙漫淫邪貪利之行也, 身且加於刑戮而不自知者, 靡使然也. 傳曰 : « 不知其子視其友, 不知其君視其左右. » 靡而已矣 ! 靡而已矣 !

處. 虛受規戒. 以攻吾闕.

若其怠惰好嬉柔. 佞不直者. 則不可交也.

3. 鄉人之善者. 則必須親近通情. 而鄉人之不善者. 亦不可惡言揚其陋行. 但待之泛然. 不相往來.

若前日相知者則相見. 只敍寒暄. 不交他語. 則自當漸疎. 亦不至於怨怒矣.

4. 同聲相應. 同氣相求. 若我志於學問. 則我必求學問之士. 學問之士. 亦必求我矣.

彼名爲學問. 而門庭多雜. 客喧囂度日者. 必其所樂. 不在學問故也.

3. Voir *Entretiens*, 13.28 : « Zilu : “Qu’appelle-t-on un gentilhomme ?” Le Maître : “C’est un homme qui sait être à la fois critique, exigeant et bienveillant : critique et exigeant envers ses amis, bienveillant envers ses frères.” » 子路問曰 : « 何如斯可謂之士矣 ? » 子曰 : « 切切偲偲怡怡如也, 可謂士矣. 朋友切切偲偲, 兄弟怡怡. »

4. *Cf. Livre des Mutations*, commentaire sur le premier hexagramme, *qian/kŏn* 乾.

5. Cette idée de l’attraction du même en matière d’amitié est très répandue dans les textes confucéens. Voir *Entretiens*, 1.8 : « Le Maître dit : “Un homme de bien qui manque de gravité ne se fait pas respecter et ne peut avoir de connaissance certaine. L’homme de bien est avant tout loyal et fidèle à sa parole. Il n’a pour amis que ceux qui partagent ses exigences et n’a pas peur de corriger ses propres défauts.” » 子曰 : « 君子不重, 則不威 ; 學則不固. 主忠信. 無友不如己者. 過, 則勿憚改. » ; et *Xunxi*, 27 : « Un Prince ne saurait manquer de vigilance dans le choix de ses Ministres, un homme du peuple ne saurait manquer de vigilance dans le choix de ses amis. Les amis sont ceux qui s’entraident mais comment s’entraider si l’on ne suit pas la même voie ? Si les fagots sont bien disposés lorsqu’on les allume, le feu prend bien ; si l’on dirige l’eau sur un terrain régulier, elle s’écoule aisément. Ce qui est de même nature se rejoint et se suit avec cette même évidence. C’est à ses amis que l’on connaît un homme, qui en douterait ? » (*cf.* Kamenarovic, *op.cit.*) 君人者不可以不慎取臣, 匹夫不可不慎取友.

compagnie, il faut recevoir leurs critiques et leurs remontrances sans mauvaise pensée, afin de corriger nos défauts[3].

Si certains s'avèrent être indolents, jouisseurs, frivoles ou retors, il ne faut plus les fréquenter.

3. Avec les hommes honnêtes du pays, il faut lier des relations de bon et proche voisinage. Quant à ceux qui sont malhonnêtes, il ne faut pas révéler au grand jour leurs mesquineries en usant de mots durs, et il faut se contenter de les fréquenter de manière superficielle sans échanger de visites.

S'il s'agit d'une personne rencontrée la veille et qu'on croise de nouveau, il faut seulement échanger les politesses d'usage sans engager de véritable conversation. Ainsi, les relations se distendront progressivement d'elles-mêmes sans aller jusqu'à provoquer de ressentiment ou de colère.

4. « Des sons de même nature se répondent, des souffles de même qualité s'attirent[4]. » Si j'aime l'étude et m'y consacre, je vais nécessairement rechercher des hommes qui aiment l'étude. Ces lettrés rechercheront aussi nécessairement ma compagnie[5].

S'il arrive que certains, qui se prétendent hommes d'étude, reçoivent en leurs murs des hôtes nombreux et variés et passent leurs journées dans le tumulte des conversations, c'est certainement parce que leur source de bonheur ne réside pas dans l'étude[6].

友者所以相有也. 道不同, 何以相有也 ? 均薪施火, 火就燥 ; 平地注水, 水流濕. 夫類之相從也, 如此其著也, 以友觀人, 焉所疑 ?

6. L'étude est, pour Confucius, une source de joie et de félicité (*le*/*nak* 樂). Voir *Entretiens*, 1.1 : « Le Maître dit : "Étudier une règle de vie pour l'appliquer au bon moment, n'est-ce pas source de grand plaisir ? La partager avec un ami qui vient de loin, n'est-ce pas la plus grande joie ? Être méconnu des hommes sans en prendre ombrage, n'est-ce pas le fait de l'homme de bien ?" » 子曰: « 學而時習之, 不亦說乎 ? 有朋自遠方來, 不亦樂乎 ? 人不知而不慍, 不亦君子乎 ? » ; et *Entretiens*, 6.18 : « Le Maître dit : "Celui qui connaît la Voie ne vaut pas celui qui l'aime. Celui qui aime la Voie ne vaut pas celui qui y trouve la félicité." » 子曰 : « 知之者不如好之者, 好之者不如樂之者. »

5. 凡拜揖之禮. 不可預定. 大抵父之執友則當拜. 洞內年長十五歲以上者當拜. 爵階堂上而長於我十年以上者當拜. 鄉人年長二十歲以上者當拜. 而其間高下曲折. 在隨時節中. 亦不必拘於此例.

但常以自卑尊人底意思. 存諸胷中可也. 詩曰. 溫溫恭人. 惟德之基.

6. 人有毀謗我者. 則必反而自省.

若我實有可毀之行. 則自責內訟. 不憚改過.

若我過甚微. 而增衍附益. 則彼言雖過. 而我實有受謗之苗脈. 亦當剗鋤前愆. 不留毫末.

若我本無過而揑造. 虛言. 則此不過妄人而已. 與妄人何足計較虛實哉.

7. Voir *Livre des Rites*, 1 : « La bienséance exige qu'on s'abaisse soi-même et qu'on traite les autres avec honneur. Les porteurs de fardeaux et les colporteurs de marchandises eux-mêmes ne manquent pas de donner des marques de respect en certaines occasions ; à plus forte raison les riches et les grands le doivent-ils faire. » (*cf.* Couvreur, *op.cit.*) 夫禮者, 自卑而尊人. 雖負販者, 必有尊也, 而況富貴乎.

8. Poème du *Livre des Odes*, cité dans le *Livre des Rites*, 33 : « Le Maître dit : "La politesse est voisine de l'exactitude à remplir les devoirs de la bienséance ; l'économie est voisine de la vertu d'humanité, celui qui se contente de peu ne prend pas le bien d'autrui ; la bonne foi est voisine de la sincérité des sentiments. Celui qui pratique ces trois vertus avec respect et modestie peut commettre des fautes ; mais il n'en commet pas

5. On ne peut pas fixer à l'avance les règles de salutation par prosternation. En général, il convient de se prosterner devant les amis de son père, ainsi que devant les personnes qui, dans les environs, ont plus de quinze ans de plus que nous. Il faut aussi se prosterner devant des personnes qui occupent des fonctions importantes et qui ont plus de dix ans de plus que nous, de même que devant des gens du pays qui ont vingt ans de plus que nous. Quant au type de prosternation, il faut en décider selon la situation sans nécessairement reproduire les règles précédentes.

Il suffit de garder constamment en son for intérieur l'idée de se mettre en retrait et de respecter les autres[7]. Le *Livre des Odes* dit : « Un caractère enclin à la déférence et au respect est le fondement de la vertu[8]. »

6. Si certains nous critiquent et nous dénigrent, il faut faire retour sur nous-mêmes afin de nous examiner.

Si nous avons réellement eu une conduite critiquable, il faut nous blâmer nous-mêmes et faire notre propre procès sans rechigner à réparer nos erreurs.

Si notre inconduite était vraiment mineure et que notre détracteur exagère les faits, même si ses propos dépassent la réalité, notre attitude étant en soi porteuse des germes de la critique, nous devons biner et sarcler dans nos erreurs passées afin que ne subsiste pas la moindre racine.

Si nous n'avons pas commis d'écart à l'origine et que l'autre a forgé des rumeurs inconsistantes, ce n'est ni plus ni moins qu'un simple acte de mensonge. Pourquoi se commettre dans de vaines explications avec un menteur ?

de grandes. Celui qui est poli commet peu de fautes ; celui qui est sincère mérite confiance ; celui qui est économe se contente facilement. Ceux qui pratiquent ces vertus et cependant commettent des fautes, ne sont-ils pas rares ? On lit dans le Cheu king : 'Un caractère enclin à la déférence et au respect est le fondement de la vertu.'" » (*cf.* Couvreur, *op.cit.*) 子日: « 恭近禮, 儉近仁, 信近情, 敬讓以行此, 雖有過, 其不甚矣. 夫恭寡過, 情可信, 儉易容也 ; 以此失之者, 不亦鮮乎 ? 詩曰 :'溫溫恭人, 惟德之基.'»

且彼之虛謗. 如風之過耳. 雲之過空於我何與哉. 夫如是則毀謗之來. 有則改之. 無則加勉. 莫非有益於我也.

若聞過自辨. 嘵嘵然不置. 必欲置身於無過之地. 則其過愈深. 而取謗益重矣.

昔者或問止謗之道. 文中子曰. 莫如自修. 請益. 曰無辨. 此言可爲學者之法.

7. 凡侍先生長者. 當質問義理難曉處. 以明其學.

侍鄉黨長老. 當小心恭謹. 不放言語.

有問則敬對以實.

與朋友處. 當以道義講磨. 只談文字義理而已. 世俗鄙俚之說. 及時政得失. 守令賢否. 他人過惡. 一切不可掛口.

9. Expression qui apparaît dans la « Biographie du roi Shouchun de Wu » (*Wu wang shouchun zhuan* 吳王壽夢傳) des *Annales des printemps et automnes des royaumes de Wu et Yue* (*Wu Yue chunqiu* 吳越春秋) de Zhao Ye 趙曄 des Han.

10. Cela rappelle l'idée, énoncée par Confucius, que dans chaque relation humaine, il y a toujours matière à réflexion sur soi. Voir *Entretiens*, 7.21 : « Le Maître dit : "Quand on se promène ne serait-ce qu'à trois, chacun est certain de trouver en l'autre un maître, faisant la part du bon pour l'imiter et du mauvais pour le corriger en lui-même." » 子曰 : « 三人行, 必有我師焉 : 擇其善者而從之, 其不善者而改之. »

11. Il s'agit de Wang Tong 王通 (583-618), cité parmi les Cinq maîtres dans le *Classique des trois caractères* (*Sanzijing* 三字經, attribué à Wang Yinglin王應麟 (1223-1296)) et auteur d'un ouvrage imitant la forme dialoguée des *Entretiens* de Confucius, le *Zhongshuo* 中說.

Les médisances sont comme une brise momentanée qui effleure notre l'oreille[9] ou un nuage furtif qui passe dans le ciel. Quel rapport avec nous ? Il faut penser en ces termes, et lorsque des rumeurs mensongères circulent, il faut corriger ses erreurs s'il y a lieu, et dans le cas contraire, il faut s'efforcer davantage à ne pas en commettre. Il n'y a là rien qui ne puisse être profitable[10].

Si, notre erreur étant connue, on fait grand bruit pour se justifier, en voulant à toute force parvenir à se dédouaner, la gravité de l'incartade devient plus profonde, tandis que le poids des critiques gagne de l'importance.

Dans les temps anciens, quelqu'un s'enquit de la manière de mettre fin aux calomnies auprès de Maître Wenzhong[11] qui lui répondit : « Rien ne vaut la propre cultivation de soi[12]. » Prié de développer son propos, il ajouta : « S'exempter de débat. » Voilà un mot d'ordre possible pour tout homme d'étude.

7. En présence d'hommes respectables ou d'aînés, il faut s'enquérir des points difficiles à comprendre en matière de juste comportement afin d'éclairer notre jugement sur le sujet.

En présence des anciens du village, il faut faire attention à ses paroles et à ses gestes, en se montrant déférent sans jamais prendre la parole à tort et à travers.

Si l'on nous pose des questions, il faut répondre avec respect en disant toujours la vérité.

Avec des amis, il faut discuter avec sérieux de nos difficultés en matière d'étude, et lorsqu'on ne fait que bavarder, il faut uniquement parler du sens des mots et des textes. Il ne faut jamais émettre le moindre mot au sujet des ragots de voisinage, de problèmes politiques, des bons et mauvais agissements du magistrat local ou des mauvaises actions d'autrui.

12. *Cf.* Chen Shou 陳壽 (233-297), *Chroniques des Trois royaumes* (*Sanguozhi* 三国志), « Chronique du royaume de Wei » (Weizhi 魏志), Biographie de Wang Chang (Wang Chang zhuan 王昶傳).

與鄉人處. 雖隨問應答. 而終不可發鄙褻之言. 雖莊栗自持. 而切不可存矜高之色. 惟當以善言誘掖. 必欲引而向學.

與幼者處. 當諄諄言孝悌忠信. 使發善心.

若此不已. 則鄉俗漸可變也.

8. 常以溫恭慈愛. 惠人濟物爲心. 若其侵人害物之事. 則一毫不可留於心曲.

凡人欲利於己. 必至侵害人物. 故學者先絶利心. 然後可以學仁矣.

9. 居鄉之士. 非公事禮見. 及不得已之故. 則不可出入官府.

邑宰雖至親. 亦不可數數往見. 况非親舊乎.

若非義干請. 則當一切勿爲也.

Lorsqu'on se trouve avec des gens du commun, même s'il convient de répondre aux questions posées, il ne faut en aucun cas tenir de propos vils et vulgaires. Même s'il s'agit de toujours garder son maintien et de montrer de la tenue, il ne faut jamais donner l'impression de vouloir se rehausser. Il faut se contenter d'éduquer les gens de manière détournée en usant de paroles aimables, afin d'éveiller chez eux le désir d'apprendre.

Quant aux personnes plus jeunes que nous, il faut les entretenir inlassablement de piété filiale, d'amour fraternel, de loyauté envers le souverain et de fidélité à soi-même, afin que les bons aspects de leur cœur et de leur esprit s'épanouissent.

En agissant sans cesse ainsi, on pourra progressivement transformer les mœurs du commun.

8. Il faut constamment avoir à cœur de contenter les gens et de rendre service en montrant déférence et affection. Pas une seule velléité de porter préjudice ou de causer du tort ne doit subsister en notre cœur.

En règle générale, l'homme n'hésite pas à léser et à flétrir hommes et choses lorsqu'il en va de son intérêt personnel. C'est pourquoi celui qui étudie doit extirper de son cœur tout désir de profit. Ce n'est qu'après cela qu'il pourra apprendre ce qu'est le sentiment d'humanité.

9. Un lettré qui vit à la campagne ne doit pas aller et venir dans les locaux officiels, sauf s'il s'agit d'une affaire collective ou ayant un caractère rituel, ou si encore il ne peut s'y soustraire.

Quand bien même le préfet serait un proche parent, il ne faut pas lui rendre visite fréquemment. Que dire alors s'il ne s'agit même pas d'un proche ?

Il ne faut absolument rien faire qui soit contraire au sens du juste ou qui viole les règles de bonne conduite.

處世章第十

1. 古之學者. 未嘗求仕. 學成則爲上者擧而用之. 蓋仕者. 爲人非爲己也.

今世則不然. 以科擧取人. 雖有通天之學. 絕人之行. 非科擧無由進於行道之位.

1. *Cf. Entretiens*, 14.24 : « Le Maître dit : “Autrefois, on s’instruisait pour se parfaire soi-même ; aujourd’hui, c’est pour quêter l’approbation des autres.” » 子曰 : « 古之學者為己 ; 今之學者為人. »

2. Les concours mandarinaux, instaurés en Corée dès 958, ne parviennent pas en réalité à supprimer les pratiques de recrutement par cooptation ou recommandation qui perdurent encore à l’époque de Yulgok. Ces pratiques créent un réseau complexe et multiple de loyautés divergentes, entre recommandé et recommandant, mais aussi entre examinateurs de concours et lauréats par exemple. Ces loyautés sont problématiques car elles concurrencent celle qui est théoriquement due au souverain de manière exclusive. Dans le paradigme de la royauté néo-confucéenne, adopté par les rois T’aejong 太宗 (r. 1400-1418) et Sejong 世宗 (r. 1418-1450) au début de Chosŏn, le souverain se devait d’être un éducateur universel. Il devait notamment garder sous son contrôle direct une sorte d’immense école constituée par le vivier de fonctionnaires méritants recrutés sur concours. Ces derniers visaient ainsi à créer un système de formation continue pour les fonctionnaires, supervisé et orchestré par le souverain lui-même. Dans cette perspective, les assignations à résidence, les réprimandes, les destitutions, les nominations et les distinctions participaient de cette volonté de créer une administration entièrement dévouée à la royauté et à la bonne marche de l’État. Pour un fonctionnaire, le recrutement par concours équivalait à un recrutement à vie et supposait en outre un lien de dépendance et de

Chapitre X

De la carrière

1. Les lettrés d'autrefois n'avaient pas à briguer de postes. Lorsqu'ils avaient terminé leurs études, les hommes au pouvoir sélectionnaient ceux d'entre eux qu'ils souhaitaient employer. Occuper une fonction signifiait servir les autres et non soi-même[1].

Aujourd'hui, il n'en va plus de même. On recrute les hommes en les sélectionnant par concours[2]. Même si l'on a des connaissances aussi vastes que le ciel ainsi qu'une conduite exemplaire, on ne peut pas accéder à une position permettant de mettre en pratique la Voie sans passer de concours[3].

subordination au pouvoir royal. Ce système des concours du début de Chosŏn a certes repris une tendance, amorcée sous Koryŏ, à consolider le pouvoir royal, mais il a considérablement renforcé cette dernière afin de réduire le poids du facteur aristocratique dans les recrutements et refonder ainsi les bases de l'État sur le principe confucéen de méritocratie. Cependant, les pratiques n'évoluant pas toujours selon les principes théoriques invoqués, de nombreux dysfonctionnements furent générés par les réformes successives des concours, engendrant en particulier un véritable malaise chez les principaux intéressés : les lettrés-fonctionnaires tels que Yulgok et son entourage.

3. Le but ultime d'une carrière administrative dans le néo-confucianisme est de « mettre en pratique la Voie ». L'homme de bien confucéen, auquel le programme de la *Grande Étude* s'adresse en tout premier lieu, est destiné à participer au bon ordonnancement du monde et de la société (*zhiren/ch'iin* 治人). Sa raison d'être, au plan théorique, est de servir les autres.

故父敎其子. 兄勉其弟. 科擧之外. 更無他術. 士習之偸. 職此之由.

第今爲士者. 多爲父母之望. 門戶之計. 不免做科業. 亦當利其器. 俟其時. 得失付之天命. 不可貪躁熱中. 以喪其志也.

2. 人言科業爲累. 不能學問. 此亦推託之言. 非出於誠心也.

古人養親. 有躬耕者. 有行傭者. 有負米者. 夫躬耕行傭負米之時. 勤苦甚矣. 何暇讀書乎.

4. Il est important de souligner que Yulgok ne critique pas ici les concours, mais plutôt le relâchement des pratiques lettrées qui est généré par la préparation à des épreuves consistant essentiellement en exercices formels, pour ne pas dire formalistes, bien loin des efforts à fournir en matière d'engagement dans la Voie confucéenne.

5. Lorsqu'il est jeune homme, Yulgok explique dans sa correspondance privée qu'il ne prépare les concours mandarinaux que pour plaire à son père et subvenir aux besoins de sa famille. Ne pouvant ni vivre en travaillant lui-même la terre en raison de son statut aristocratique, ni se contenter des revenus de ses terres en se comportant comme un *gentleman farmer*, Yulgok se plaint amèrement de n'avoir aucune alternative. La question des concours représente en effet un réel sujet de discorde avec ses amis, en particulier Sŏng Hon 成渾 (1535-1598) qui, à l'instar de son père Sŏng Such'im 成守琛 (1493-1564), disciple du réformateur néo-confucéen Cho Kwangjo 趙光祖 (1482-1519) et victime de la purge de lettrés de 1519, refuse de se compromettre dans toute carrière administrative. La position de Yulgok sur le sujet a beaucoup évolué au cours de sa vie et de sa carrière, mais il a néanmoins toujours oscillé entre tentation de la retraite et devoir de servir.

6. Voir *Jinsilu*, 7.34 : « Quelqu'un demande : "Celui qui passe des concours pour briguer un poste dans l'administration en raison de la pauvreté de sa famille et de l'âge avancé de ses parents n'échappe pas à l'angoisse de la réussite ou de l'échec. N'y aurait-il pas un moyen d'éviter ce tourment ?" Maître Yichuan répond : "Ceci est uniquement dû au fait que sa détermination n'a pas triomphé de ses émotions. Si la détermination l'emportait, une telle angoisse n'existerait même pas. Quand notre famille est pauvre et nos parent âgés, nous nous devons d'obtenir des revenus en prenant un poste, mais 'la réussite ou l'échec est affaire de destin.'" "Ceci est recevable s'il ne s'agissait que de nous, mais que deviendraient nos

C'est pourquoi, ce qu'un père enseigne à son fils et ce à quoi un aîné exhorte son cadet ne sort pas du cadre des concours. Point de salut hors des concours. Voici l'unique cause du relâchement des pratiques lettrées[4].

Nombre de ceux qui sont des lettrés aujourd'hui ne peuvent pas échapper à la préparation des concours s'ils veulent répondre aux attentes de leurs parents et maintenir leur rang[5]. Mais ils devraient se contenter d'acquérir des connaissances pour être prêts au moment opportun, et laisser au Ciel le soin de décider de leur réussite ou de leur échec[6], sans jamais tomber dans les affres de l'ambition et de l'incertitude et perdre ainsi leurs aspirations premières.

2. Les gens disent qu'ils ne peuvent pas étudier car ils sont pieds et poings liés par la préparation des concours. Voilà bien des excuses qui ne reflètent pas la sincérité du cœur[7].

Autrefois, pour entretenir leurs parents, certains cultivaient la terre de leurs propres mains, d'autres se faisaient domestiques et d'autres encore transportaient des sacs de riz sur leur dos. Où auraient-ils trouvé le temps de lire des livres, alors qu'ils étaient occupés à faire tout cela, à se donner toute cette peine ?

parents en cas d'échec ?" "C'est exactement la même chose, qu'il s'agisse de nous ou de nos parents. Si l'on échoue, que peut-on faire contre le destin ? Confucius a dit : 'Qui ne reconnaît le décret céleste ne saurait être homme de bien.' L'homme qui ne reconnaît pas le décret céleste cherche à échapper au danger et aux difficultés, il se laisse ébranler par les succès et les échecs et se rue sur n'importe quelle occasion d'obtenir du profit ; comment pourrait-il alors être un homme de bien !" » 問 : « 家貧親老, 應擧求仕, 不免有得失之累, 何修可以免此 ? » 伊川先生曰 : « 此只是志不勝氣. 若志勝, 自無此累. 家貧親老, 須用祿仕, 然"得之不得爲有命". » 曰 : « 在己固可, 爲親奈何 ? » 曰 : « 爲己爲親, 也只是一事. 若不得, 其如命何 ? 孔子曰 : «不知命, 無以爲君子. «人苟不知命, 見患難必避, 遇得喪必動, 見利必趨, 其何以爲君子 ! »

7. Cette phrase ne manque pas de saveur, lorsqu'on sait que Yulgok lui-même a recouru dans ses jeunes années à cette même excuse.

惟其爲親任勞. 旣修子職. 而餘力學文. 亦可進德.

今日之爲士者. 不見爲親任勞. 如古人者. 只是科業一事. 是親情之所欲. 今旣不免做功. 則科業雖與理學不同. 亦是坐而讀書作文. 其便於躬耕行傭負米. 不翅百倍. 况有餘力. 可讀性理之書哉.

只是做科業者. 例爲得失所動心常躁競. 反不若勞力之不害心術. 故先賢曰. 不患妨功. 惟患奪志.

若能爲其事. 而不喪其守. 則科業理學. 可以幷行不悖矣.

今人名爲做擧業. 而實不著功. 名爲做理學. 而實不下手.

8. Citation du *Jinsilu*, 7.35 : « On dit parfois que la préparation des concours détourne les hommes de l'étude. Ce n'est pas vrai. Si l'on consacre dix jours à la préparation des concours sur un mois, on peut largement étudier le reste du temps. Toutefois, si notre détermination ne s'applique pas à cette tâche-ci, elle le sera nécessairement à l'autre. Voilà pourquoi, il ne faut pas s'inquiéter de ce qui entrave nos études, mais seulement de ce qui distrait notre détermination. » 或謂科擧事業, 奪人之功, 是不然. 且一月之中, 十日爲擧業, 餘日足可爲學. 然人不志此, 必志於彼. 故科擧之事, 不患妨功, 惟患奪志.

9. Yulgok referme ici la boucle. Cet ouvrage commençait par « la détermination à étudier » (chapitre premier) et se conclut sur l'idée que seule cette détermination (*zhi/chi* 志) compte, qu'il s'agisse de « perfectionnement de soi », *xiuji/sugi* 修已, ou d'ordonnancement du monde, *zhiren/ch'iin* 治人 (les deux segments du paradigme de la *Grande Étude*). Yulgok, qui ne

S'ils ont tout de même pu avancer sur la voie de la vertu, c'est qu'ils ont travaillé durement pour leurs parents, remplissant ainsi leur devoir filial, tout en consacrant le reste de leur temps à étudier les textes.

Il ne se trouve plus aujourd'hui de lettré pour faire ce que les anciens faisaient pour leurs parents. Aujourd'hui, pour combler les souhaits de nos parents, on ne peut éviter de préparer les concours mandarinaux. Bien que la préparation aux concours diffère de l'étude du Principe, nous passons tout de même notre temps assis à lire et à composer des textes, ce qui est au moins cent fois plus confortable que de cultiver la terre, de travailler comme domestique ou de transporter du riz sur son dos. Que dire alors du temps dont on dispose pour lire les textes de la véritable étude dans nos moments de loisir !

Simplement, celui qui prépare un concours est en général si soucieux de ses échecs et de ses réussites que son cœur est constamment empli d'impatience et d'ambition, ce qui finit par causer bien plus de tort à l'exercice de l'esprit que des travaux de force. C'est pourquoi les anciens sages disaient : « il ne faut pas s'inquiéter de ce qui entrave nos études, mais seulement de ce qui distrait notre détermination[8]. »[9]

Si l'on parvient à préparer les concours sans délaisser l'étude qui nous tient à cœur, on pourra mener de front la préparation des concours et l'étude du Principe sans que l'une s'oppose à l'autre.

Aujourd'hui les gens disent qu'ils préparent des concours alors qu'en réalité ils ne font aucun effort pour cela, ou alors ils prétendent s'adonner à l'étude du Principe alors qu'ils n'y touchent même pas de près ou de loin.

nie pas les réalités et les impératifs de sa classe sociale (idée de maintenir son rang), insiste ainsi sur la responsabilité individuelle ainsi que sur la sincérité de la démarche éthique que suppose la poursuite des idéaux néo-confucéens. L'Étude confucéenne, pour lui, ne signifie rien d'autre que cet engagement entier, total de toute la personne humaine.

若責以科業. 則曰我志於理學. 不能屑屑於此. 若責以理學. 則曰我爲科業所累. 不能用功於實地. 如是兩占便宜. 悠悠度日. 卒至於科業理學兩無所成.

老大之後. 雖悔何追. 嗚呼. 可不戒哉.

3. 人於未仕時. 惟仕是急. 既仕後. 又恐失之. 如是汩沒. 喪其本心者多矣. 豈不可懼哉.

位高者主於行道. 道不可行. 則可以退矣.

若家貧未免祿仕. 則須辭內就外. 辭尊居卑. 以免飢寒而已.

雖曰祿仕. 亦當廉勤奉公. 盡其職務. 不可曠官而餔啜也.

10. L'ensemble de ce chapitre final reflète assez fidèlement les préoccupations personnelles de Yulgok au sujet de la difficulté d'allier une carrière administrative à une vie d'étude. Ces préoccupations sont en effet récurrentes dans sa correspondance tant personnelle qu'officielle.

11. On trouve la même idée dans les *Entretiens*, 8.13 : « Le Maître dit : "Sois toujours d'une bonne foi rigoureuse, consacre-toi à l'étude, préserve la Voie même au prix de ta vie. Dans un pays au gouvernement précaire, n'entre pas ; dans un pays en révolte, ne demeure pas. Lorsque la Voie règne sous le Ciel, montre-toi ; sinon, rougis de rester dans l'indigence et l'obscurité ; sinon, c'est de la richesse et des honneurs qu'il faut avoir honte." » 子曰 : « 篤信好學, 守死善道. 危邦不人, 亂邦不居, 天下有道則見, 無道則隱. 邦有道, 貧且賤焉, 恥也, 邦無道, 富且貴焉, 恥也. »

12. Ce dernier paragraphe est profondément ironique, si ce n'est tragique, au regard de la biographie de Yulgok. Après le répit momentané qu'a été l'année 1577 dans sa carrière, pendant laquelle il rédige ce texte du *Kyŏngmong yogyŏl*, Yulgok va en effet occuper des fonctions de plus en plus importantes à la cour dans un contexte mouvementé de crise politique et de luttes de factions. Il tente alors à plusieurs reprises de se retirer de toutes ses fonctions, ou du moins d'occuper des charges moins importantes, comme l'attestent ses incessantes lettres de protestation au roi Sŏnjo, alors qu'il est paradoxalement nommé tour à tour ministre du Cens, ministre des Fonctionnaires civils, ministre de l'Armée et ministre de la Justice en

S'ils sont exhortés à préparer les concours, ils répondent : « Je me consacre à l'étude du Principe, je ne peux donc pas m'abaisser à de telles futilités ». Mais s'ils sont exhortés à étudier le Principe, ils disent alors : « Entièrement pris par la préparation des concours, je ne peux pas consacrer d'effort à l'étude véritable ». En choisissant ainsi la facilité dans chacun des deux cas, ils coulent une vie paisible et, en fin de compte, ils n'accomplissent rien dans aucun domaine, ni en matière de préparation des concours ni en matière d'Étude.

Même s'ils prennent plus tard conscience de leurs erreurs à un âge avancé, à quoi bon ? Voilà un bon avertissement.

3. Lorsqu'on n'a pas encore de poste, le recrutement est notre seul souci. Après, on s'inquiète encore de perdre son poste. Nombreux sont ceux qui perdent leur tranquillité d'esprit dans ces eaux troubles. Comme c'est effrayant ![10]

Ceux qui occupent une position élevée doivent se consacrer à mettre en pratique la Voie. Si cela n'est pas possible, ils doivent se retirer de leurs fonctions[11].

S'ils ne peuvent éviter d'exercer des fonctions en raison des difficultés économiques de leur maison, ils doivent refuser tout poste dans l'administration centrale et exercer une charge en province, de même qu'ils doivent refuser les postes à haute responsabilité et se contenter d'une position subalterne, afin d'éviter uniquement de souffrir de faim ou de froid[12].

Même si l'on prend un poste pour des raisons économiques, il faut déployer tout son zèle pour le bien commun en allant jusqu'au bout de ses responsabilités et il ne faut pas passer du bon temps à manger et à boire en négligeant les devoirs de sa charge[13].

l'espace de quelques années. Incapable de mettre lui-même en pratique ses propres idéaux, Yulgok finit sa vie en poste, épuisé aussi bien mentalement que physiquement, alors qu'il est encore dans la fleur de l'âge.

13. Idée énoncée dans les *Entretiens*, 15.37 : « Le Maître dit : “Au service de ton prince, veille à ton devoir avant de penser au salaire.” » 子曰 : « 事君敬其事而後其食. »

SUPPLÉMENTS

« Transcriptions des règles de cérémonial du sacrifice aux ancêtres »

祭儀鈔

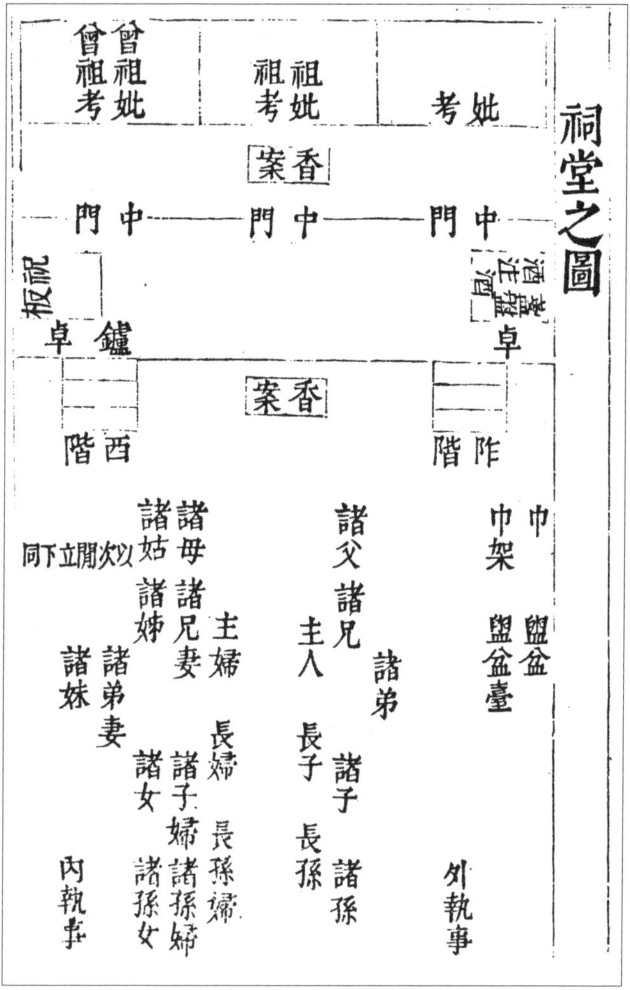
祠堂之圖
曾祖考
曾祖妣
祖考
祖妣
考
妣
香案
中門
中門
中門
祝板
鑪
卓
酒注
酒盞盤
卓
香案
西階
阼階
以次閒立下同
諸姑
諸母
諸父
巾架
巾
諸姊
諸兄妻
諸兄
盥盆臺
盥盆
主婦
主人
諸妹
諸弟妻
諸弟
長婦
長子
諸女
諸子婦
諸子
長孫婦
長孫
內執事
諸孫女
諸孫婦
諸孫
外執事

祠堂之圖

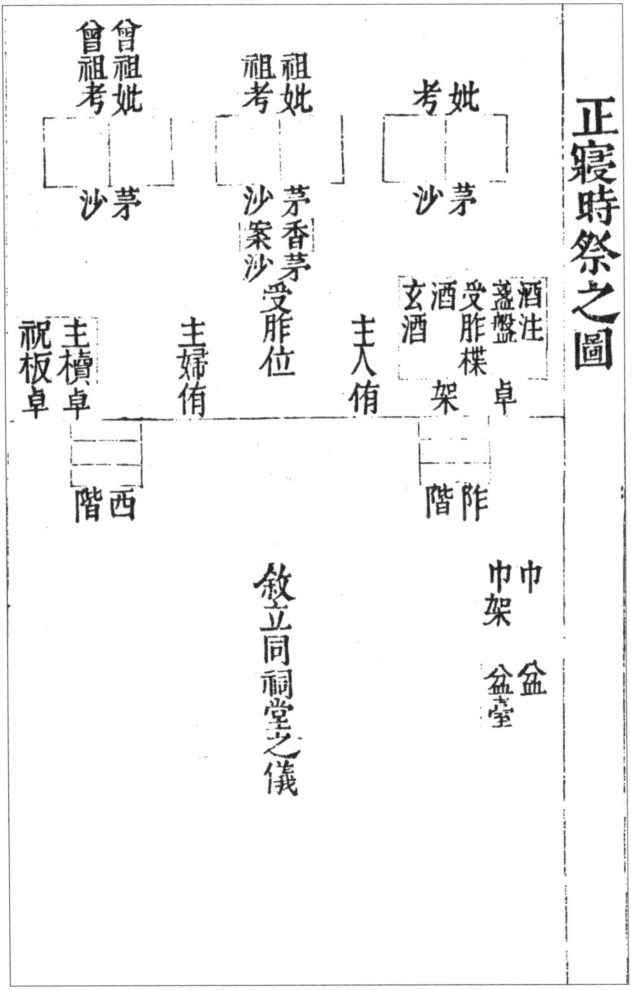
正寢時祭之圖
妣
考
茅
沙
祖妣
祖考
茅
沙
香
茅
案
沙
受胙位
曾祖妣
曾祖考
茅
沙
酒注
盞盤
卓
受胙楪
酒
玄酒
架
主人位
主婦位
主櫝卓
祝板卓
阼階
西階
巾
巾架
盆
盆臺
叙立同祠堂之儀

正寢時祭之圖

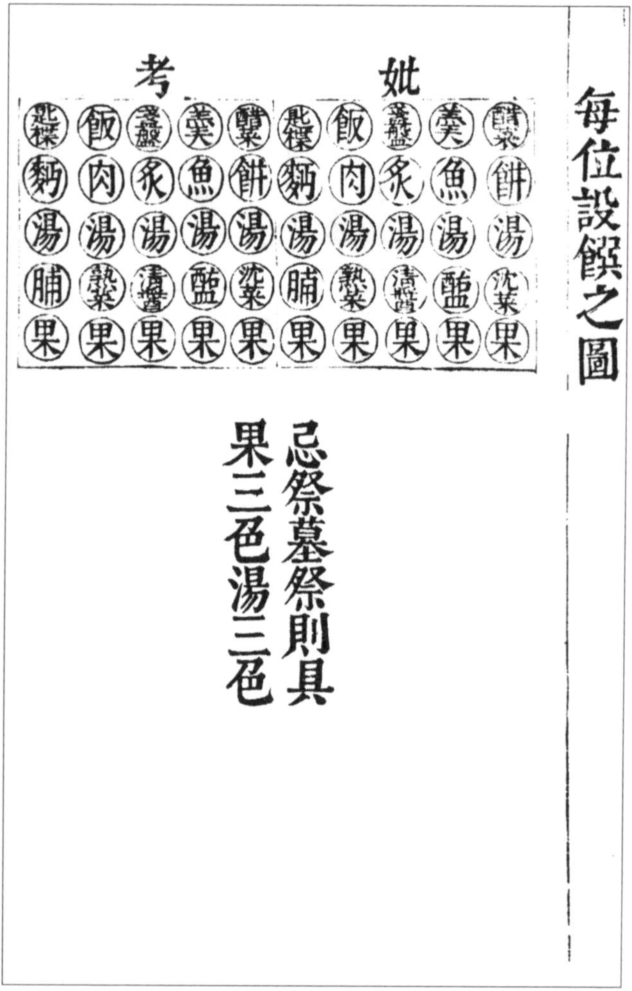

每位設饌之圖

考					妣				
匙楪	飯	盞盤	羹	醋楪	匙楪	飯	盞盤	羹	醋楪
麪	肉	炙	魚	餅	麪	肉	炙	魚	餅
湯	湯	湯	湯	湯	湯	湯	湯	湯	湯
脯	熟菜	清醬	醢	沈菜	脯	熟菜	清醬	醢	沈菜
果	果	果	果	果	果	果	果	果	果

忌祭墓祭則具

果三色湯三色

每位設饌之圖

出入儀

凡出入. 必告祠堂. 若近出. 則入大門瞻禮而行. 歸亦如之若經宿處. 則焚香再拜. 歸亦如之若遠出經旬處. 則開中門再拜. 升堂焚香告云. 某將適某所敢告. 又再拜而行. 歸亦如之. 但告云. 某今日歸自某所敢見. 諸子異居者. 近出則不必拜辭. 若遠出則須就祠堂拜辭. 如上儀. 但不開中門. 主人外餘人. 拜辭時. 皆不開中門. 祠堂東階謂之阼階. 惟主人主祭者升降由阼階. 主婦主人之妻及餘人. 雖尊長必由西階.

參禮儀

正至朔望則參. 前一日灑埽齋宿. 厥明夙興. 開祠堂門. 設茅沙於香案前. 每位設饌. 脯果隨宜. 或設餅亦可. 若正朝冬至. 則別設饌數品. 冬至則加以豆粥. 若冬至行時祭. 則不行參禮. 主人以下盛服. 團領或紅直領亦可. 入門就位. 主人盥帨升啓櫝. 將啓櫝時. 必先俯伏興. 奉諸考神主. 置於櫝前. 主婦盥

帨升. 奉諸妣神主. 置于考東. 若有祔主. 則分出如前. 若祔主之卑者. 則命長子長婦. 或長女分出. 旣畢. 主婦先降. 主人詣香卓前. 焚香再拜. 小退立. 執事者一人. 奉酒注詣主人之右. 一人執盞盤. 詣主人之左. 主人跪. 執事者皆跪. 主人受注. 斟酒于盞. 反注. 取盞盤奉之. 左執盤。 右執盞. 酹于茅上. 傾酒于茅上也. 以盞盤授執事者. 執事者皆退俛伏興少退. 再拜以降神. 降復位. 與在位者. 皆再拜以參神. 主人升. 執酒注斟于各位前盞. 先於各位前設空盞. 旣畢. 立於香卓前. 再拜. 降復位. 與在位者. 皆再拜辭神而退. 按家禮望日. 則不出主不設酒. 只設茶. 今國俗無用茶之禮. 當於望日. 不出主。只啓櫝. 不酹酒只焚香. 使有差等.

薦獻儀

俗節謂正月十五日. 三月三日. 五月五日. 六月十五日. 七月七日. 八月十五日. 九月九日及臘日. 獻以時食. 時食. 如藥飯艾餠水團之類. 若無俗尙之食. 則當具餠果數品. 如朔參之儀. 有新物則薦. 須於朔望俗節幷設若五穀可作飯者. 則當具饌數品同設. 禮如朔參之儀.

雖望日亦出主酹酒若魚果之類. 及菽小麥等. 不可作飯者. 則於晨謁之時啓櫝而單獻焚香再拜. 單獻之物. 隨得卽薦. 不必待朔望俗節. 凡新物未薦前. 不可先食. 若在他鄕則不必然

告事儀

有事則告如朔參之儀. 獻酒再拜訖. 主人立於香卓之南. 祝。 執版立於主人之左. 跪讀之畢. 興. 主人再拜. 降復位辭神.

告事之祝. 三代共爲一版. 自稱以其最尊者爲主. 如告授官. 則祝詞曰. 維某年歲次某甲某月某朔某日某甲. 孝曾孫某官某. 敢昭告于顯曾祖考某官府君. 顯曾祖妣某封某氏. 顯祖考某官府君. 顯祖妣某封某氏. 顯考某官府君. 顯妣某封某氏. 某以某月某日. 蒙恩授某官. 奉承先訓. 獲霑祿位. 餘慶所及. 不勝感慕. 謹以酒果. 用伸虔告謹告. 若告貶降. 則言貶某官. 荒墜先訓. 惶恐無地云云. 告及第則曰. 蒙恩授某科某第及第. 奉承先訓. 獲參出身云云. 告生進入格則曰. 蒙恩授生員或進士某等入格. 奉承先

訓. 獲升國庠云云. 若介子孫之事. 則主人亦告. 而其詞曰. 介子某或介子某之子某臨時隨宜變稱云云. 告畢. 當身進于兩階間再拜. 當身拜時. 主人西向立. 降復位. 與在位者辭神.

凡神主. 移安還安. 或奉遷他處等事. 則告祭用朔參之儀. 若廟中改排器物鋪陳. 或暫修雨漏處. 而不動神主之事. 則告祭用望參之儀. 告詞則臨時製述.

主人生嫡長子. 則滿月而見如上儀. 但不用祝. 主人立於香卓之前告曰. 某之婦某氏. 以某月某日生子名某敢見. 告畢. 立於香卓東南西向. 主婦抱子. 進立於兩階之間再拜. 主人乃降復位辭神.

時祭儀

時祭用春分夏至秋分冬至. 前期三日告廟. 若其日有故則退定. 不出三日. 以退定之故告廟. 或依家禮. 前期一朔以仲月卜日. 若事故無常. 未可預定. 不能卜日. 則只以仲月或丁或亥之日擇定. 前期三日告廟. 未告廟前. 亦須前期四日散齋. 告廟

之禮. 則主人以下詣祠堂. 北向敍立如朔望之儀皆再拜. 主人升焚香再拜. 祝執詞跪于主人之左讀曰. 孝曾孫某. 將以某月某日. 祗薦歲事于曾祖考妣祖考妣考妣敢告. 主人再拜. 降復位. 與在位者皆再拜而退. 自此日沐浴更衣致齋. 主人帥衆丈夫齋于外. 主婦帥衆婦女齋于內.

前一日. 主人帥衆丈夫及執事. 灑埽正寢. 洗拭倚卓. 務令蠲潔. 設曾祖考妣位於堂西北壁下南向. 考西妣東. 各用一倚一卓而合之. 卓子若小. 則雖合二三無妨. 祖考妣考妣以次而東. 皆如曾祖之位. 世各爲位不屬. 祔位皆於東序西向北上. 或兩序相向. 其尊者居西. 妻以下則位於階下. 設香案於堂中. 置香鑪香盒於其上. 鑪西盒東束茅聚沙於香案前及逐位前. 設酒架於東階上. 別置卓子於其東. 設酒注一酹酒盞盤一受胙楪一匕一巾一. 置卓子於西階上. 設祝版于其上. 設盥器帨巾各二於阼階下之東. 其西者有臺架. 有臺架者. 主人親屬所盥. 無者執事所盥. 主婦帥衆婦女. 滌濯祭器. 潔釜鼎具祭饌. 每位果五品. 貧不能辦. 則三品亦可. 脯一楪. 俗稱佐飯熟菜一楪. 醢一楪. 沈菜一楪. 淸醬一器. 醋菜一楪.

魚肉各一楪. 魚肉當用新鮮生物. 餅一楪. 麪一盌.
羹一盌. 飯一鉢. 湯五色. 或魚或肉或菜隨所備. 若
貧不能辦. 則只三色亦可. 炙三色. 肝肉及魚雉等物務令
精潔. 未祭之前. 勿令人先食. 及爲猫 犬蟲鼠
所汚. 所謂每位者. 考妣各一位也. 今人或以考妣同卓未安.
厥明行祭之日鷄鳴而起. 主人以下著淨衣. 新澣直
領也俱詣祭所. 盥手設果楪於逐位卓子南端. 次
設脯熟菜清醬醢沈菜等楪于其北. 設盞盤匕楪
醋菜于卓子北端盞盤居中. 匕楪居西. 醋菜居
東. 設玄酒瓶. 玄酒井花水也及酒瓶各一於架上.
玄酒居西酒瓶居東既畢. 主人以下盛服. 有官者紗帽團
領品帶無官者團領絛帶婦人上衣下裳皆極其鮮盛之服詣祠
堂前敍立. 既定. 主人升自阼階. 焚香跪告曰.
孝曾孫某. 今以仲春之月. 夏秋冬隨時有事于曾
祖考某官府君. 曾祖妣某封某氏. 祖考某官府
君. 祖妣某封某氏. 考某官府君. 妣某封某氏.
有祔位. 則曰以某親某官府君. 某親某封某氏祔食. 敢請神
主出就正寢. 恭伸奠獻. 告訖. 奉櫝授執事者奉
之. 主人前導. 主婦從後. 諸子弟以次隨之. 至
正寢. 置于西階卓子上. 主人啓櫝. 凡啓櫝奉主時.
俯伏興然後奉主. 奉諸考神主出就位. 主婦盥帨升.

奉諸妣神主亦如之. 有祔位則子弟奉出就位. 既畢皆降復位若時祭行于祠堂. 則無奉主就位節次. 只就祠堂各位前. 陳器設饌如上儀. 先降神而後參神. 主人與在位者再拜參神. 若尊長老疾. 不堪行禮者. 則參神後. 休于他所. 於是降神. 主人升. 焚香再拜. 少退立. 執事者一人開酒瓶. 取巾拭口. 實酒于注. 一人取東階上盤盞. 立于主人之左. 一人執注. 立于主人之右. 主人跪. 執事者亦跪. 進盤盞. 主人受之. 執注者亦跪. 斟酒于盞. 主人奉之. 左手執盤. 右手執盞. 灌于茅上. 灌盡傾也以盞授執事者. 俛伏興再拜降復位. 於是執事者進饌. 主人升. 主婦從之. 執事者一人. 以盤奉魚肉. 一人以盤奉餅麪. 一人以盤奉羹飯. 從升. 至曾祖位前. 主人奉肉. 尊于盞盤之西南. 主婦奉麪. 奠于肉西. 主人奉魚. 奠于盞盤之東南. 主婦奉餅. 奠于魚東. 主人奉羹. 奠于盞盤之東. 主婦奉飯. 奠于盞盤之西. 諸位皆倣此. 若有祔位. 則使諸子弟婦女分設. 諸子弟設湯于各位皆畢. 主人以下皆降復位. 於是行初獻禮. 主人升詣曾祖位前. 執事者一人. 執酒注立于其右. 冬則預先煖酒主人奉曾祖考

盞盤位前東向立. 執事者西向斟酒于盞. 主人奉之. 奠于故處. 次奉曾祖妣盞盤亦如之. 位前北向立. 執事者二人. 各奉曾祖考妣盞盤. 立于主人之左右. 主人跪. 執事者亦跪. 主人受曾祖考盞盤. 右手執盞. 祭之茅上. 少傾酒也以盞盤授執事者. 奠于故處. 次受曾祖妣盞盤亦如之. 俛伏興少退立. 執事者進炙肝. 臨時預炙于火鑪兄弟之長一人. 奉之奠于曾祖考妣前盞盤之南. 祝執版立於主人之左跪讀曰. 維某年歲次某甲某月某朔某日某甲. 孝曾孫某官某. 敢昭告于顯曾祖考某官府君. 顯曾祖妣某封某氏. 氣序流易. 時維仲春. 夏秋冬隨時追感歲時不勝永慕敢以淸酌庶羞祗薦歲事有祔位則曰以某親某官府君某親某封某氏祔食尙饗. 讀畢興. 主人再拜退. 詣諸位. 獻祝如初. 有祔位. 則每位讀祝畢. 兄弟衆男之不爲亞終獻者. 以次詣本位所祔之位. 酌獻如儀. 但不讀祝. 祖前祝稱孝孫某. 敢昭告于顯祖考云云. 考前稱孝子某. 敢昭告于顯考云云. 考前改不勝永慕. 爲昊天罔極. 旣畢. 皆降復位. 執事者以他器徹酒及肝. 置盞故處. 於是行亞獻禮. 主婦爲之. 諸婦女執事. 奉炙肉如初獻儀. 但不祭酒不讀祝主婦有故. 則

諸父若兄弟中最尊者爲之. 衆子弟執事獻畢. 徹酒及炙肉. 置盞故處. 於是行終獻禮. 兄弟之長或長男或親賓爲之. 衆子弟奉炙肉. 如亞獻儀. 於是侑食. 主人升. 執注就斟諸位之酒皆滿. 立於香案之東南. 主婦升. 扱匕飯中西柄正筯. 立于香案之西南. 皆北向再拜. 降復位.

於是祝闔門. 主人立於門東西向. 衆丈夫在其後. 主婦立於門西東向. 衆婦女在其後. 有尊長則少休於他所. 食頃. 祝聲三噫歆乃啓門. 主人以下. 皆復其位. 其尊長休于他所者. 皆復就位. 主人主婦奉茶. 或代以熟水分進于考妣之前. 徹羹而退. 有祔位則使諸子弟衆婦女分進. 於是受胙. 執事者設席于香案前. 主人就席北面立. 祝詣曾祖考前. 擧酒盞盤. 詣主人之右. 主人跪. 祝亦跪. 主人受盞盤. 祭酒少傾於地啐酒. 少飲也祝取匙及楪. 前所設受胙楪鈔取諸位之飯各少許. 奉以詣主人之左. 嘏于主人曰. 祖考命工祝. 承致多福于汝孝孫. 來汝孝孫. 使汝受祿于天. 宜稼于田. 眉壽永年. 勿替引之. 主人置酒于席前. 俛伏興再拜跪. 受飯嘗之. 實于左袂. 掛袂于季指. 取酒卒飲. 執事者受盞. 自

右置注. 旁受飯自左亦如之. 主人俛伏興. 立於東階上西向. 祝立於西階上. 東向告利成. 降復立. 與在位者皆再拜. 主人不拜. 降復位. 執事者升詣諸位. 合飯蓋. 降復位.於是辭神. 主人以下皆再拜. 老疾不堪行禮前休于他處者. 亦於受胙後. 入就位辭神. 於是主人主婦升. 各奉主納于櫝. 奉主納櫝時. 各位前皆俛伏興奉歸祠堂如來儀. 於是撤祭饌. 傳于燕器. 滌祭器而藏之. 於是餕. 分祭物送于親友家. 會親賓子弟敍坐. 以酒饌酬酢而罷. 凡拜男子再拜. 則婦人四拜. 謂之俠拜. 前後皆倣此.

謹按. 朱子居家有土神之祭. 四時及歲末. 皆祭土神. 今雖不能備擧四時之祭. 例於春冬時祀. 別具一分之饌. 不設匕筯家廟禮畢. 乃祭土神. 似爲得宜. 降神參神進饌初獻皆如家廟之儀. 其祝詞曰. 維年歲某月某朔某日某甲. 某官某敢昭告于土地之神. 維此仲春. 歲功云始. 若時昭事. 敢有不欽. 酒肴雖薄. 庶將誠意. 惟神監顧. 永奠厥居尙饗. 冬祭則改曰. 維此仲冬. 歲功告畢. 若時報事云云. 餘幷同. 亞獻終獻無侑食進茶之儀辭神乃徹. 祭土神之所. 宜於家北園內淨處. 除地築壇.

忌祭儀

忌祭則散齋二日. 致齋一日. 設所祭一位. 家禮則只祭或考或妣一位. 程子則幷祭考妣云. 陳器具饌. 如時祭之儀. 但果及湯. 皆不過三色. 略有等殺. 但具一分. 若幷祭考妣. 則具二分. 厥明夙興. 設蔬果酒饌. 如時祭之儀質明主人以下變服. 父母忌. 則有官者. 服縞色帽垂脚. 或黲布帽垂脚. 玉色團領. 白布裹角帶. 無官者服縞色笠. 或黲色笠. 玉色團領. 白帶. 通著白靴. 婦人則縞色帔. 白衣白裳. 祖以上忌. 則有官者. 烏紗帽玉色團領. 白布裹角帶. 無官者. 黑笠玉色團領. 白帶. 婦人則玄帔白衣玉色裳. 旁親之忌. 則有官者. 烏紗帽. 玉色團領. 烏角帶. 無官者黑笠. 玉色團領. 黑帶. 婦人只去華盛之服. 縞白黑雜色也. 黲淺青黑色. 卽今之玉色也. 詣祠堂敍立再拜訖. 主人升. 焚香跪. 告于所祭之主曰. 今以某親某官府君. 妣則曰某親某封某氏. 遠諱之辰. 敢請神主出就正寢. 恭伸追慕. 俛伏興. 乃啓櫝. 奉神主. 蓋座若幷祭考妣. 則奉櫝授執事者. 授執事者. 主人先導. 主婦從之. 諸子弟婦女. 以次隨後至正寢. 奉主就位. 參神降神進饌初獻. 如時祭之儀. 但祝詞曰. 歲序遷易. 諱日復臨. 若幷祭考妣考忌. 則曰某考

諱日復臨. 妣忌則曰某妣諱日復臨云云. 追遠感時. 不勝永慕云云. 若父母忌. 則改不勝永慕. 爲昊天罔極. 旁親忌則曰. 諱日復臨. 不勝感愴云云. 若父母忌. 則讀祝畢. 祝興. 主人兄弟哭盡哀. 亞獻終獻侑食闔門啓門進茶辭神納主奉歸祠堂徹. 竝如時祭之儀. 但不受胙不餕. 是日不飮酒不食肉不聽樂變服以居. 父母忌. 則縞色笠. 白衣白帶. 祖以上則黑笠. 白衣白帶. 旁親則去華盛之服. 夕寢于外.

墓祭儀

墓祭依俗制. 行于四名日. 正朝寒食端午秋夕. 散齋二日. 致齋一日. 具饌每墓. 依分數如忌祭之儀. 更設一分之饌. 以祭土神. 厥明主人以下. 玄冠素服黑帶. 帥執事者. 詣墓所再拜奉行. 塋域內外環繞. 哀省三周. 其有草棘. 卽用刀斧. 鋤斬芟夷灑埽訖. 復位再拜. 又除地於墓左. 以爲祭土神之所. 陳饌降神參神初獻. 初獻時. 卽扱匙飯中正筯. 如家祭之儀. 但祝詞曰. 氣序流易. 靑陽載回. 此正朝祝也. 寒食則曰雨露旣濡. 端午則曰草

水既長. 秋夕則曰白露既降. 瞻埽封塋. 不勝感慕云云. 亞獻終獻終獻後徹羹進熟水辭神乃徹.

遂祭土神. 陳饌降神參神初獻如上儀. 但祝詞曰. 某官姓名. 敢昭告于土地之神. 某恭修歲事于某親某官府君之墓. 惟時保佑. 實賴神休. 敢以酒饌. 敬伸奠獻尙饗. 亞獻終獻辭神乃徹而退.

謹按家禮墓祭. 只於三月. 擇日行之. 一年一祭而已. 今俗於四名日. 皆行墓祭. 從俗從厚亦無妨. 但墓祭行于四時. 與家廟無等殺. 亦似未安. 若講求得中之禮. 則當於寒食秋夕二節. 具盛饌讀祝文祭土神. 一依家禮墓祭之儀. 正朝端午二節. 則略備饌物. 只一獻無祝. 且不祭土神. 夫如是則酌古通今. 似爲得宜.

喪服中行祭儀

凡三年之喪. 古禮則廢祠堂之祭. 而朱子曰. 古人居喪. 衰麻之衣. 不釋於身. 哭泣之聲. 不絕於口. 其出入居處. 言語飲食. 皆與平日絕異. 故宗廟之祭雖廢. 而幽明之間. 兩無憾焉.

今人居喪. 與古人異. 而廢此一事. 恐有所未安. 朱子之言如此. 故未葬前. 則準禮廢祭. 而卒哭後. 則於四時節祀及忌祭. 墓祭亦同使服輕者朱子喪中. 以墨衰薦于廟. 今人以俗制喪服當墨衰著而出入. 若無服輕者. 則亦恐可以俗制喪服行祀. 行薦. 而饌品減於常時. 只一獻不讀祝不受胙可也. 期大功則葬後當祭如平時. 但不受胙未葬前. 時祭可廢. 忌祭墓祭. 略行如上儀. 緦小功則成服前廢祭. 五服未成服前. 雖忌祭亦不可行也. 成服後則當祭如平時. 但不受胙服中時祀. 當以玄冠素服黑帶行之.

TABLE DES MATIÈRES

Ce volume,
le sixième
de la collection « Bibliothèque Chinoise »,
publié aux Éditions Les Belles Lettres,
a été achevé d'imprimer
en février 2011
sur les presses
de la Nouvelle Imprimerie Laballery
58500 Clamecy

Dépôt légal : mars 2011
N° d'édition : 7205 - N° d'impression : 102267
Imprimé en France